本书是云南师范大学博士科研启动项目"农地经营者社会责任实证研究"（XJBS2018122024）的重要研究成果，出版受到云南省一流学科建设经费资助。

土地经营权流转准入与监管制度研究

张明涛 著

人民出版社

目　录

自　序

在我国漫长的封建社会中，"重农抑商"一直是历代封建王朝最基本的经济指导思想。土地问题既是国家法律政策的重要内容，也是一切社会矛盾的核心所在，历代封建王朝的荣辱兴衰都与土地问题有着千丝万缕的联系。新中国成立后的次年，中央人民政府委员会颁布了《中华人民共和国土地改革法》，废除了封建地主土地所有制，实行农民土地所有制，实施耕者有其田的土地制度。1954年制定的《中华人民共和国宪法》规定："国家依照法律保护农民的土地所有权和其他生产资料所有权。"随着我国计划经济体制的建立，我国逐步建立起来了与之相适应的社会主义土地公有制，实现了农村土地的集体所有制，并于1982年颁布的《中华人民共和国宪法》中实现了"农村土地集体所有制"入宪。至此，经历了30余年发展变化，我国农村土地实现了社会主义公有制。

1978年12月，党的十一届三中全会开启了改革开放历史新时期。在农村地区，改革开放政策的重心是实行农村土地制度改革，不断发展完善农村土地集体所有制。农村土地制度改革始终要面对两个问题：一方面，解放农村生产力，发展农业生产；另一方面，积极回应由于国家经济快速发展而造成的农村劳动力流失现象。从1984年中共中央《关于一九八四年农村工作的通知》首次允许土地承包经营权流转开始，到 2002 年《中华人民共和国农村土地承包法》颁布建立土地承包经营权流转法律制度，再到 2018 年《中华人民共和国农村土地承包法》修订实行"三权分置"和土地经营权流转，近 40 余年的农村土地制度改革始终围绕着如何实现保障农民土地权益的基础上的"人地分离"这一任务而展开。农业生产经营活动具有双重属性：一方面，其是农民生存发展的重要手段，具有私益性；另一方面，其又涉及耕地保护和粮食安全，具有强烈公益性。推行土地流转，实现"人地分离"，有利于解放农村劳动力、提升农民收入；但是，随着工商企业等社会资本进入土地流转市场，其逐利性的本性给我国农业现代化及土地流转的健康发展带来了一系列风险和问题。如何规范土地流转成为当下我国农业农村法治建设的重要课题。

本书是在本人博士学位论文基础上修改而成。本人博士学位论文围绕我国土地承包经营权流转准入与监管制度而展开相应研究，成稿于 2016 年。在攻读博士学位期间，我国土地流转风险防范方面的制度建设还不够健全，土地流转无序发展，在一定程度上影响到农业生产活动正常开展和耕地保护基本国策贯彻实施。本人博士学位论文选题土地承包经营权准入与监管制度研究，重点研究了我国实行土地承包经营权流转准入与监管制度法理基础、我国土地承包经营权流转准入与监督制度现状和国外农地流转准入与监管制度，并在此基础上提出了我国实行土地承包经营权流转准入与监管制度的制度构建内容。随着 2018 年《中华人民共和国农村土地承包法》的修改及 2020 年农业农村部《农村土地经营权流转管理办法》的颁布，我国农村土地实行"三权分置"，农村土地所有权、承包权与经营权相分离，原来的土地承包经营权中的经营权能由新"土地经营权"承受，土地承包经营权流转演变为土地经营权流转；同时，还完善了土地经营权流转准入和监管的相应法律内容。由于相关法律制度的逐步完善，本人在新颁布和修改的法律、规章的基础上对博士学位论文进行了修改，将研究主体修改为土地经营权的流转准入与监管制度，并结合新的法律制度对文章的相关章节内容进行了修改和完善。受限于本人研究能力及所能收集到的国外资料，本书在土地经营权流转监管研究深度及国外比较研究广度方面还存在些不足。另外，由于土地承包经营权流转与土地经营权流转内容方面具有前后的承受与发展，因此，本书在论证过程中，并未严格对两个名字的使用情况进行严格的区分，多数情况下简称"土地流转"。

本书的出版得到了云南师范大学法学与社会学学院的支持与帮助，特此致谢。同时，感谢我的博士生导师周伟教授对我的培养与指导。

张明涛

2021 年 6 月 1 日

导　论

第一节　研究背景与意义

一、研究背景

我国实行改革开放已经有 40 余年，在此期间经济高速增长，经济实力迅速增强，创造了世界经济发展的奇迹。在这 40 余年的改革中，农村土地制度改革无疑是其中最重要的内容之一。我国经济改革同样首先从农村开始，农村土地制度改革是中国经济改革的先声。可以说，没有农村土地制度的改革成功，就没有当今农村经济的发展，甚至就没有中国经济的快速发展。农村土地制度改革是一个历史过程，并不能一蹴而就，不同历史时期，改革的内容也有所不同，但都要服从并服务于经济发展这个总目的。改革开放初期，此时农村土地制度改革的目的是建立适应农村生产力发展要求的生产关系。家庭联产承包责任制度的建立，极大地促进了农村生产力的解放，促进了农村经济的发展，提高了农村居民的生活水平，为我国工业的发展提供了生产资料。从历史的角度看，我国改革开放初期进行的农村土地制度改革是成功的，对我国经济的整体发展起到了极大的推动作用。改革开放后的一段时期内，家庭联产承包责任制度适应了农业生产力的发展，我国法律的主要任务是从制度层面对农民所享有的农村土地承包经营权进行确立和保障，可以说此阶段农村土地制度并未发生明显变化。随着我国城市化及工业化进程的加快，我国农业经济发展与经济整体发展之间差距日益扩大，农村经济发展缺乏后劲，农村居民收入增长乏力，调整、完善农业生产关系，成为新时代农村土地制度改革的新课题。由于我国农村劳动力大量向城市转移，农业面临"无人种粮"的新局面，农业的规模化经营成为我国农村改革新的突破点。从20世纪80年代初期国家允许农村土地承包经营权流转以来，我国土地流转从最初的自发、萌芽时期，逐渐发展到今天的快速流转时期，土地经营权流转市场逐步建立。在流转快速发展、土地流转市场建立的同时，由于土地流转法律的不健全，我国当下的土地流转存在一些问题，突出表现为流转受让主体的农业经营能力参差不齐，不能适应农业规模化经营的需要；流转后土地利用情况缺乏有效规制，影响耕地保护及粮食安全。总之，在现阶段，土地流转最大的问题是流转的无序发展及所引发的流转风险。如何规范土地流转行为、防范流转风险是现阶段我国土地经营权流转法律所需要关注的重点问题。完善土地经营权流转法律，实行流转准入与监管是保障和促进我国土地适度规模经营的重要措施。作为我国"三农"问题的核心，农村土地问题解决的好与坏直接影响到"三农"问题解决的成功与否。

《中华人民共和国宪法》（以下简称《宪法》）第九条规定："国家保障自然资源的合理利用，保护珍贵的动物和植物。禁止任何组织或个人用任何手段侵占或破坏自然资源。"第十条规定："一切使用土地的组织和个人必须合理地利用土地。"《中华人民共和国农村土地承包法》（以下简称《农村土地承包法》）第三十八条规定："土地承包经营权流转应当遵循以下原则：……（二）不得改变土地所有权的性质和土地的农业用途，不得破坏农业综合生产能力和农业生态环境……（四）受让方须有农业经营能力或者资质。"《中华人民共和国土地管理法》（以下简称《土地管理法》）第三条规定："十分珍惜、合理利用土地和切实保护耕地是我国的基本国策。"我国从宪法到相关普通法都对耕地保护提出了严格要求，国家在土地流转中承担着重要的管理职责。建立健全土地经营权流转相关法律制度是贯彻耕地保护基本国策的重要措施。

二、研究意义

分散、小规模的土地经营模式已经不适应市场化、国际化的需要，土地流转是我国实现农业规模化、现代化经营的重要途径。虽然我国现阶段土地经营权流转市场已经基本建立，但是农村土地经营权法律制度还存在一些不足，其以巩固和保障土地经营权为目的，如何规范、支持土地流转的相关规则、制度需健全。我国农村土地经营权法律制度建设不能满足当下农业规模化经营发展的需要，容易引发土地流转的非粮化、非农化等问题，影响了耕地保护、粮食安全等公共利益。加强土地流转准入与监管是提升农村土地流转质量的关键措施，开展这方面的研究具有重要的现实意义和理论价值。

第一，有助于规范农村土地流转行为。随着我国农村土地流转的加速、规模的扩大，土地流转中的无序发展问题逐渐凸显。其中工商资本进入土地领域中带来的风险尤其值得我们重视：随意改变土地用途，打着农业产业化的幌子从事非粮非农产业等。这些非法行为引发的不利后果已经背离了国家实行土地流转的政策初衷，不但不能促进耕地的集约化利用和规模化经营，反而违反了土地流转"三不"原则，损害农民利益、破坏耕地、危及粮食安全，影响到整个农业的健康发展。加强此领域研究将有助于推动农村农业部门规范土地流转行为。

第二，有助于贯彻落实耕地保护基本国策。"十分珍惜、合理利用土地和切实保护耕地是我国的基本国策。"随着时代的变化，耕地保护基本国策的内涵也在发生变化。在新的历史时期，耕地保护包括两层含义，一方面是保护手段或措施的选择与运用；另一方面是耕地数量和质量的全面保护。土地流转实践中，对耕地保护影响最大的是违法变更耕地用途，耕地利用"非农化"。加强土地流转准入与监管方面的研究，将有助于提升土地流转质量，实现耕地数量和质量保护并重。

第三，有助于我国土地流转法律制度完善。我国现阶段土地流转法律制度集中体现在《中华人民共和国民法典》（以下简称《民法典》）、《土地管理法》、《农村土地承包法》及《农村土地经营权流转管理办法》4部法律法规中。现行土地流转法律制度内容主要涉及流转原则、流转方式、流转合同及政府流转管理职责等内容。受限于特定的立法背景，土地流转制度设计不够完善，不能满足我们现阶段土地流转快速、规范发展的需要。加强土地流转的准入和过程监管已成为土地流转法律制度发展、完善的重点。加强此领域的研究将有助于我国土地流转法律制度的完善，并丰富我国土地流转法学理论。

第二节　研究综述

一、国外研究综述

农业的规模化经营及相应的配套法律制度建设与该地区或国家的农业现代化进程紧密联系。尤其是一些发达国家已经实现了农业的现代化、规模化，其农地流转的准入与监管法律制度比较成熟，其农地流转准入与监管的研究成果也相对丰富。关谷俊作（日本）认为，日本在实现农业现代化的进程中，实现了"自耕农主义"向"耕作者主义"的转变。"耕作者主义"体现了土地制度的重心由所有权向使用权的转变，农地制度的目的是提高农地的利用效率。耕作者主义突出对农地利用方面相关配套法律制度的建设。日本建立了严格的土地管制制度，其主要包括所有权转移审批及农地转用审批。农地权利转移审批本质上是对农地权利转移中的权利取得者设立了严格的条件。郑文燮（韩国）认为，韩国政府对耕地权利进行限制的目的在于保护耕地使之符合社会公共福利。为实现耕地的有效利用，耕地权利转移限制条件应适应城市化及农业现代化进程的需要，服务于"耕者有其田"原则向农业经营主体的多元化的转变。耕地监管的作用在于实现农地农用目的的实现。韩国耕地监管的目的不仅包括促进耕地有效利用和确保耕地数量，同时还包括耕地质量的维持和提升。郑靖吉（韩国）认为，韩国农业结构调整成功的关键是培育、发展新型农业经营主体。韩国企业法人取得农地权利，其本身要符合法律规定条件，同时对农地权利的取得实行许可制。

农地（或其经营权）的流转是农业现代化发展的产物。在日本和韩国等地区或国家，农地（或其经营权）流转方面的法律制度比较成熟。无论是在农地法律立法目的、经营主体的多元性、农地（或其经营权）流转的准入方面，还是农地的用途管制、流转主体经营行为的监管等方面，相关的研究成果也比较丰富，为我国该领域的研究提供了经验借鉴。与此同时，我们也必须认识到一个客观现实，我国实行的土地公有制，与实施土地私有制的国家或地区在土地法律和政策方面还存在一定的差异性，在肯定这些国家或地区法律制度经验和价值的同时，我们还要认识到其法律制度经验和价值的普适性还存在一定的局限性。

二、国内研究综述

在我国，随着土地流转重要性的日益凸显，关于其的研究逐渐成为学术界的热点。根据中国知网统计数据，以"土地流转"为关键词进行搜索，可以发现，从 2001 年以后，关于土地流转的研究论文年发表数量基本都处于 100 篇以上（仅有 2001 年为 94 篇），特别是进入 2008 年以来，学术论文年发表数量从 402 篇迅速增加到 2015 年的 1804 篇。相应的科研项目及学术著作数量也在不断增加，可以说当下我国土地流转研究处于蓬勃发展时期。然而，作为土地流转研究领域中的一个很具体的研究对象，对土地经营权流转准入与监管制度的研究还处于起步阶段。土地经营权流转准入与监管研究的不足与我国土地流转的发展阶段息息相关，当下我国土地流转快速发展，刚进入规范化时期，因此，相应的准入与监管研究刚起步，研究成果相对较少。

现阶段，我国土地经营权流转准入与监管研究特征表现为：第一，研究领域具有交叉性。现有研究成果涵盖法学、管理学、农业学及经济学等多领域，但以经济学研究为主。第二，研究对象较为集中，主要涉及工商资本流转农地，其他方面的研究成果则比较分散，缺乏系统性、全面性。第三，研究方法以实证研究为主。现有研究成果研究方法具有多样性，既有规范分析法、文献分析法、比较分析法，也有统计分析法、实证调查法、交叉研究法，但总体上以实证研究方法为主。

在《农村土地承包法》修改以前，农村土地集体所有，承包农户享有承包经营权；在《农村土地承包法》修改后，承包农户原来所享有的土地承包经营权中的大部分与承包身份无关的权能——经营权，独立出来成为一个新的权利类型——土地经营权。原承包经营权大部分的权利内容为新的土地经营权所承受，2018年以前"农村土地承包经营权流转"，其在内容上与2018年以后的"土地经营权流转"具有一致性，都简称为"土地流转"，其两者具有发展进程上的连续、承受性。因此，本书在进行文献综述时，为尊重文献原有表述，不再对土地承包经营权及其流转进行表述转换，其表述意思即为修改后的《农村土地承包法》中的土地经营权及其流转。

结合我国现有土地流转准入与监管研究成果，其研究内容主要集中在以下几方面：

第一，土地流转中的政府角色定位。对于政府职责，学界共识是：积极引导土地流转，避免过度干预；完善相应职能。主要观点有：政府行为是土地流转中不可或缺的，发挥着引领作用，政府在土地流转中的基本定位是"指导者""组织者""监督者"和"服务者"[1]；农村基层政府应当介入土地流转，但介入的方式要适当、适度[2]；公权力过度介入土地流转会侵害村集体和农民土地权益，地方政府介入土地流转应遵循法治的适当限度，尊重农民土地"集体成员权"，转变政府职能，"重点推进农业服务规模化经营，合理引导农业新型组织形态与乡土社会结构有效契合，注重以行政规划、行政指导等'柔性'方式促进土地经营权流转"。[3]

第二，工商资本流转农地经营项目研究。工商资本租赁土地从事农业生产经营，其经营项目应当受到限制，以是否适应我国农业现代化发展需要为标准。主要观点有：工商资本租赁农地进入农业生产领域，在给农业现代化带来资金和技术的同时，也存在着危及粮食安全及耕地保护等风险、隐患，应该对其经营领域进行引导、限制，"只有明确工商资本投资农业的政策导向，生成具有可操作性的指导目录，才能限定投资农业范围的合理边界，产生工商资本投资农业的源头约束力"，指导目录的制定依据为中央政策及相关文件，投资领域分为鼓励和禁止领域两大类[4]；依据专业性、风险收益率及政策指向性，适宜工商企业租地从事农业生产经营的领域包括：适宜规模化经营的种养殖业、农产品精深加工业、农业生产性服务业、农业基础领

---

① 赵建森：《农地流转中政府的行为现状考察及角色定位》，《农业经济》2015 年第 1 期。

② 郭栋、邸敏学：《农村基层政府在土地流转中的作用分析——基于益阳、杨凌、太谷土地流转模式》，《经济与管理研究》2017 年第 7 期。

③ 李坤、唐琳、王涛：《论农村土地流转过程中政府行政权力介入的限度》，《云南财经大学学报》2019 年第 12 期。

④ 蒋永穆、张尊帅：《工商资本投资农业的指导目录生成及其实现研究》，《现代经济探讨》2014 年第 5 期。

域建设和大宗农产品市场储备。[①]

第三，工商资本流转农地风险及防范研究。在肯定工商资本租赁土地对农业发展具有积极性的同时，工商资本租赁土地存在的风险及其防范也逐渐成为学界共识。主要观点有：工商资本下乡的目的与国家的粮食安全及农民增收目标存在差异，具有"非粮化""非农化"倾向，垄断农业产业链，挤占农业生存及发展空间，并易造成外资控制我国农业产业链，影响农产品安全，因此，对于工商资本下乡，应以完善制度为根本，合理引导工商资本下乡[②]；工商资本投资农业模式存在信息不对称、投资渠道松散等缺陷，并面临法律政策环境、产业竞争等外部危险，导致工商资本租赁土地过程中存在"违约风险、侵权风险、农业产业安全风险、粮食安全风险等"，因此，应从准入标准、合法性审计、实时监管、风险信息管理等方面构建新型工商资本投资农业服务体系[③]；工商资本投资农业存在掠夺式经营、破坏耕地等风险，在完善工商资本租赁土地的准入机制和监管机制基础上，还应建立工商资本投资农业退出机制，降低投资经营不善后的土地退出社会成本[④]；工商资本下乡存在农地过度资本化、外嵌资本与乡土社会互动不畅等特征，易产生经营风险、违规用地风险，有必要建立土地流转相应的风险防范与用地保障机制，激励工商资本农地粮用，形成企业与农村居民互利共生利益共同体，

---

① 涂圣伟：《工商资本下乡的适宜领域及困境摆脱》，《改革》2014 年第 9 期。

② 石霞、芦千文：《工商资本下乡要扬长避短》，《农民日报》2013 年 7 月 13 日。

③ 蒋云贵、瞿艳平：《土地流转、工商资本与投资农业风险——来自湘鄂地区的实例验证》，《江汉论坛》2017 年第 12 期。

④ 刘润秋、李鸿、张尊帅：《工商资本投资农业的土地退出机制研究》，《贵州财经大学学报》2018 年第 1 期。

推进农村土地长期流转。[①]

第四，外资参与土地流转问题研究。关于外商在我国租赁农村土地从事农业生产经营的准入及监管机制研究较少。由于对外商租赁农村土地利用的实际监督不足，存在随意变更土地利用情况及破坏农村生态环境的情况；地方政府对外资农业经营项目的统一监督和管理不足，农业利用外资缺乏中长期规划，"重引进，轻管理"。为实现农业的持续发展，对外商投资既要提供服务，也要加强其土地利用过程的监督和管理。[②]

第五，土地流转监管研究。除了上述针对工商资本特定主体进入土地流转领域的规范与风险防范研究外，一般意义上的土地流转监管研究主要集中于监管责任设定及监管体制完善。主要观点有：我国农村土地承包经营权流转监管体系不健全，应构建"四位一体"监管主体模式，政府、集体经济组织和农户都承担相应的监管责任及违反监管责任而承担的法律责任[③]；县级政府在土地承包经营权流转监管中存在的"主体不明、激励缺乏、惩处无力、投入不足是导致监管失效、已流转土地用途改变屡禁不止的主因"，要实行监管责任追究制，实行土地用途改变"一票否决制"，加大监管力度[④]；我国农村土地流转受让方认定标准缺失，受让方农业经营能力良莠不齐，影响耕地保护

---

① 张义博：《工商资本下乡的用地问题研究》，《宏观经济研究》2019年第4期。

② 黎元生、胡熠：《论外资农业规模经营中土地流转机制的缺陷及其完善》，《福建师范大学学报（哲学社会科学版）》2005年第3期。

③ 张燕、梁珊珊、熊玉双：《试论农地流转监管主体的法律规制》，《石河子大学学报（哲学社会科学版）》2010年第2期。

④ 熊豪：《流转农地用途监管中的县级政府职能分析——基于对河南新安县的调研》，《安徽农业大学学报（社会科学版）》2013年第1期。

及粮食安全，我们应当明确农村土地流转准入的主体范围，以农业经营能力要求为核心，构建系统的农村土地流转准入制度，促进农村土地流转规范化[①]；针对土地流转的无序性、盲目性，应建立完善流转程序，从土地用途、土地质量、土地面积、土地价格、合同签订、流转对象、风险保障金、资本投向、交易行为等九方面加强土地流转监管，防范土地流转投机行为。[②]

第六，土地流转准入与监管比较法研究。土地流转准入与监管的比较法研究成果相对较少，多体现在域外土地制度保护研究成果中，研究缺乏专门性、系统性，为数不多的研究成果主要集中于美国、法国、日本等国家或地区。美国实行土地私有制，土地所有者拥有土地收益分配和处分的绝对权利，农地流转具有极大自由性，但在土地的流转过程中，在土地的用途、建筑物的高度、建筑物的容积率和覆盖率受到法律限制，土地不限闲置，采用变更登记、租赁期限等防止限制土地投机行为。[③] 在所有权与经营权分置的情况下，法国一方面对经营权人赋予"经营权继承与转让权能、对农地流转的租期和租金进行严格规制、对所有权转让进行规制、赋予经营权人续租权利等"；另一方面实施结构调整政策，引导适度规模的家庭经营，避免经营权过度集中。[④] 日本的农地流转准入与监管研究主要体现在日本的农地

---

① 张明涛：《我国农村土地流转准入的法律制度建构》，《中州学刊》2016 年第 1 期。

② 刘刚：《搞活与稳定：加强土地承包经营权流转监管——以新土地承包法、土地管理法为背景》，《中国农业会计》2020 年第 2 期。

③ 窦希铭：《土地流转法律制度比较研究——以中国、美国和欧盟主要工业国的对比为视角》，博士学位论文，中国政法大学，2011 年。

④ 刘长全：《以农地经营权配置与保护为重点的农地制度改革——法国经验与启示》，《中国农村经济》2020 年第 11 期。

管制制度中。日本农地管制法律体系包括农地利用规划、农地权利转移许可、农地转用许可及农业振兴区域整备等内容，并随着社会变化及时调整。① 日本对工商企业进入农业领域实行严格的限制，禁止非农业生产类企业买入农地；工商企业购买、租赁农地需要符合一定条件并经过市町村农业委员会批准；农地取得人或使用人不得随意改变农地用途。②

我国土地流转准入与监管研究起步比较晚，虽然也针对实践中的难点热点问题进行了深入的研究，产生了一批具有一定理论和实践价值的研究成果，但是，总体而言，我国现阶段的土地流转准入与监管研究还不够深入、系统，难以满足土地流转健康、有序发展的需要，在以下几方面还有待进一步深入完善。

第一，监管与准入研究法学视野不足。土地流转准入与监管研究需要多元视角，以便为制度本身的构建提供充分的理论支撑。在准入与监管制度的构建研究中，法学研究具有根本性、基础性。法学理论的研究将会对法律制度的建立起到重要的指导作用。现行研究成果中很少从我国土地流转法律制度本身分析流转准入与监管存在的问题及需要完善的内容。相关法学理论研究的不足，将会影响到我国准入与监管制度本身的有效构建。

第二，监管与准入研究缺乏全面性。工商资本是参与土地流转的重要力量，也是国家政策积极引导的。对工商资本参与土地流转行为的规范与监管进行研究具有重要意义，但这并不是问题的全部。根据我国法

---

① 董景山：《日本农地利用管制制度及其启示》，《国家行政学院学报》2014年第5期。

② 张云华：《日本对工商企业进入农业的政策限制与启示》，《农民日报》2015年3月28日。

律规定，法律及规定允许的组织和个人都可以受让土地经营权，从事农业生产经营，流转主体具有多元性。对个人及其他组织参与土地流转风险防范的研究同样具有重要的现实及理论价值。现阶段，我国关于个人及外资租赁土地从事农业生产经营行为的规范及监管研究较少。以工商资本租地行为为对象的规范及监管研究未必具有建立健全准入与监督制度所需要的普遍指导意义。

第三，监管与准入研究缺乏系统性。土地流转准入与监管制度具有过程性、系统性。现阶段，关于土地流转准入与监管的研究呈现零散化，缺乏对制度本身的系统化研究。一方面，准入制度本身包含准入资格要求、准入领域、流转土地面积及期限等内容；另一方面，监管制度包括监管主体、监管职责分工及监管法律责任等内容。现阶段我国的土地流转准入与监管研究还停留在对制度中的部分具体内容进行分析的层面，缺乏对整个准入与监管制度的过程性、系统性构建研究。

第四，监管与准入比较法研究不足。我国实行的是土地公有制，农村土地属于集体所有制，但土地流转关注的是土地的合理、有效利用，侧重是经营权，与所有权本身联系并不密切。因此，对域外相关国家或地区农地流转制度的比较研究，对我国土地流转准入与监管制度的建立健全具有重要意义。现阶段土地流转准入与监管比较法研究成果不能满足实践发展需要，研究不足集中表现在两个方面：一方面，研究成果比较少，对与我国农业现代化进程类似且具有参考及借鉴意义的国家或地区的研究相对不足；另一方面，现阶段的流转准入与监管的研究内容多分散在相关国家或地区的农地保护制度研究中，缺乏专门性的域外农地流转准入与监管法律制度研究。

第三节　研究思路与方法

一、研究思路

本书以土地经营权流转的准入与监管为研究对象，通过比较法分析的思路，从宪法及行政法角度，提出构建我国土地经营权流转准入与监管法律制度的具体建议。具体研究思路如下：第一步，分析我国土地承包经营权的产生及其流转的发展历程，认识我国土地流转的必然性及实行流转准入与监管的重要意义。第二步，针对土地流转所涉及的耕地保护和粮食安全公共利益属性，提出实行土地流转准入与监管的必要性。第三步，分析日本和韩国实行农地流转准入及监管的具体法律制度及经验。第四步，在明确土地承包经营权法律性质及法律适用的基础上，对现行法律中的流转受让方资格及土地利用监管规定进行文本解释及分析，发现我国土地流转准入、监管要求及其不足。第五步，结合我国土地流转实践，分析我国土地流转受让人资格与土地利用监管规定缺位所引发的实际问题。第六步，在比较法分析的基础上，提出完善土地经营权流转准入与监管法律制度的具体建议。

二、研究方法

本书写作过程中主要运用了以下几种研究方法：文献分析法、文本分析法、历史分析法、比较分析法。文献分析法主要运用于土地流转发展历程及土地经营权法律性质等内容的研究。文本分析法主要运用于我国农村土地流转资格及政府监管法律规定的梳理和日本、韩国农地流转中农业经营主体的准入标准体系及土地利用的监管具体法律规定的梳理。历史分析法主要运用于我国土地承包经营权的产生历程及土地流转的发展演变研究。比较分析法主要运用于我国土地流转与日本、韩国农地流转中对受让主体的资格要求及流转后的土地利用监管制度对比研究。

第四节　研究的创新与不足

一、研究创新

第一，丰富了我国土地经营权流转法律制度的内容。第二，在比较法分析基础上，提出了完善我国土地经营权流转准入与监管法律制度的具体思路。第三，提出农业经营能力应当制度化。土地经营权流转准入制度的建立应当根据准入主体类型的不同，建立以农业经营能力为中心的准入标准及要求体系。

二、研究不足

由于本人写作时间及学术能力限制，本书对日本和韩国农地流转监管制度的分析研究还有待进一步加深；本书中政府在土地经营权流转中的监管职责也有待进一步深入研究；同时，本书的实证研究内容还不够充实，对我国土地经营权流转准入与监管制度构建的作用与意义还未充分体现出来。

第一章 实行土地经营权流转准入与监管制度的背景及意义

第一节 土地经营权流转是农村土地制度改革的必然结果

土地问题是我国"三农"问题的核心。土地制度的改革贯穿于我国农村改革始终。在一定意义讲，农村土地制度解决的好与坏事关我国农村经济社会发展的成败。农村土地（承包）经营权的确立与流转与我国农村土地集体所有制的形成与发展关系密切。因此，本节将农村土地（承包）经营权及其流转的演变历程分为以下 3 个阶段。

一、农村土地集体所有制的形成

我国法律所确立的农村土地集体所有制并非随着新中国的成立而当然产生，其形成具有一定的历史性。1947 年中共中央颁布的《中国土地法大纲》（以下简称《大纲》）最早对新中国的土地制度作出规定。《大纲》废除了封建地主土地所有制，确立了土地农民私有制，对当时我国土地改革发挥着总领性作用。《大纲》第一条规定："废除封建性及半封建性剥削的土地制度，实行耕者有其田的土地制度"；第六条规定："乡村中一切地主的土地及公地，由乡村农会接收，连同乡村中其他一切土地，按乡村全部人口，不分男女老幼，统一平均分配"。《大纲》从根本上实现了土地在农民之间的平均分配。1950年《中华人民共和国土地改革法》（以下简称《土地改革法》）颁布，从法律制度层面对大纲所确立的农民土地所有制进行具体化、规范化。《土地改革法》第三十条规定："土地改革完成后，由人民政府发给土地所有证，并承认一切土地所有者自由经营、买卖及出租其土地的权利。"1954年《宪法》明确指出："国家依照法律保护农民的土地所有权和其他生产资料所有权。"

随着1950年至1956年的农业合作化运动的开展，在农业合作社由初级形式向高级形式转变的过程中，农民土地所有制也逐步完成了向集体土地所有制的转变。1958年，人民公社化运动开始，实行政社合一的管理体制，"人民公社是我国社会主义社会结构的工农商学兵相结合的基层单位，同时又是社会主义政权组织的基层单位"[1]。1962年，中共中央通过了《农村人民公社工作条例（修正草案)》，对人民公社体制进行调整，"根据各地方不同的情况，人民公社的组织，可以是两级，即公社和生产队，也可以是三级，即公社、生产大队和生产队"[2]、"生产队范围内的土地，都归生产队所有"[3]。

---

① 《关于人民公社若干问题的决议》，《人民日报》1958年12月19日。
② 《农村人民公社工作条例（修正草案)》，湖北省农业厅翻印，1961年，第1页。
③ 《农村人民公社工作条例（修正草案)》，湖北省农业厅翻印，1961年，第8页。

《农村人民公社工作条例（修正草案）》"强化和奠定了生产队作为土地集体所有制所有权人的政策基础"①，是当前我国农村土地制度的法律渊源。

二、家庭承包经营制度的确立

1978年后，我国社会经济各方面全面进入改革开放时期。虽然1979年《关于加快农业发展若干问题的决定》仍坚持"三级所有、队为基础"的农业经营制度，"不许分田单干"，但是允许有条件地"包产到户"："除某些副业生产的特殊需要和边远山区、交通不便的单家独户外，也不要包产到户"。② 可以说《关于加快农业发展若干问题的决定》开农村经济体制改革之先声。以此为契机，各种各样的生产形式在我国各地迅速产生并发展起来。"到1981年10月，在全国农村基本核算单位中，建立各种形式生产责任制的已占97.8%"③。1983年，中共中央发布《当前农村经济政策的若干问题》，其第三部分提出"稳定和完善农业生产责任制，仍然是当前农村工作的主要任务"，并对农业联产承包责任制的制度优越性及先进性进行了阐述，还指出"林业、牧业、渔业、开发荒山、荒水以及其他多种经营方面，都要抓紧建立联产承包责任制"。《当前农村经济政策的若干问题》表明了国家对农业承包经营态度由反对到支持、鼓励的转变；同时，家庭联产承包责任制度的确立也表明了人民公社

① 陈丹、唐茂华：《中国农村土地制度变迁60年回眸与前瞻》，《城市》2009年第10期。
② 《中共中央关于加快农业发展若干问题的决定》，人民出版社1979年版，第7—8页。
③ 陈丹、唐茂华：《中国农村土地制度变迁60年回眸与前瞻》，《城市》2009年第10期。

体制的正式解体。可以说，《当前农村经济政策的若干问题》正式赋予了农民独立的土地经营权。家庭承包经营制度确立后，我国农地土地制度改革沿着所有权与经营权相分离的方向快速向前发展，促进了农业生产力的极大解放。1986 年，《中华人民共和国民法通则》（以下简称《民法通则》）颁布，第二十七、八十、八十一条第一次从法律角度对土地承包经营权的概念、性质及权利与义务等事项进行了详细的规定。同年，《土地管理法》颁布，进一步强化了对土地承包经营权的保护。

三、土地承包经营权流转的形成与发展

家庭承包经营制度确立以后，基于我国社会经济具体历史进程，我国政策与法律对土地承包经营权流转的态度经历了从禁止到鼓励的转变。

（一）土地承包经营权自发流转时期

在实行家庭联产承包责任制的早期，在政策及法律层面，国家禁止土地承包经营权流转。1982 年《宪法》第十条第四款规定："任何组织或者个人不得侵占、买卖、出租或者以其他形式非法转让土地。"1982 年中共中央《全国农村工作会议纪要》明确指出："社员承包的土地，不准买卖，不准出租，不准转让，不准荒废，否则，集体有权收回；社员无力经营或转营他业时应退还集体。"到了 1984 年，中共中央《关于一九八四年农村工作的通知》首次允许土地承包经营权流转，"鼓励土地逐步向种田能手集中"，但指出"自留地、承包地

均不准买卖，不准出租，不准转作宅基地和其他非农业用地"。此阶段，我国刚刚开始改革开放，生产关系调整还处于起步阶段，城市经济发展还未创造出相应的劳动就业岗位，农村劳动力向城市转移缺乏客观基础。土地流转更多体现了农业政策的调整，象征意义大于现实意义。土地流转还处于自发状态，流转率一直比较低，"流转形式也主要是亲属之间的互换与转包"①。

（二）土地承包经营权流转合法化时期

20 世纪 80 年代末，我国开始出现"民工潮"，大量农村劳动力开始涌向城镇及沿海经济较为发达的地区务工。农村劳动力大量向城市转移给农村生产关系的调整提出了进一步的要求，土地承包经营权需要持续化、大范围流转，土地承包经营权流转的合法化问题逐渐凸显。1988 年《中华人民共和国宪法修正案》（以下简称《宪法修正案》）第二条规定"土地的使用权可以依照法律的规定转让"，第一次赋予土地承包经营权流转以合法地位。从此，土地承包经营权流转立法进入快速发展时期，法律规范逐渐完善。同年，《土地管理法》进行修订，第二条第四款规定："国有土地和集体所有的土地的使用权可以依法转让。"1993 年，《中华人民共和国农业法》（以下简称《农业法》）颁布，第四条第一款规定："国有土地和集体所有的土地的使用权可以依法转让"；第十三条第二款规定："在承包期内，经发包方同意，承包方可以转包所承包的土地、山岭、草原、荒地、滩涂、水面，也可以将农业承包合同的权利和义务转让给第三者"。2002 年，

---

① 赵美玲、杨秀萍、王素斋：《农村土地承包经营权流转：现状、问题与对策》，《长白学刊》2010 年第 6 期。

《农村土地承包法》正式建立了土地承包经营权流转法律制度，该法第二章第五节对流转的原则、主体、形式、程序等内容进行了规定。2005年，《农村土地承包经营权流转管理办法》颁布，对土地承包经营权流转的主体、方式、合同及管理进行了详细的规定。至此，我国土地承包经营权流转法律制度建立健全起来，土地承包经营权流转进入合法化时期。

（三）土地承包经营权流转加速时期

近十年来，随着城镇化、农业现代化进程的加快，农村劳动力大量向城市转移，据《2019年全国农民工监测调查报告》统计，2019年全国农民工总数为29077万人，占农村居民总人数的52.7%。农村劳动力大量转移的同时，农村土地承包经营权流转呈现加快发展趋势，从2004年的农村承包地流转面积0.58亿亩增加至2018年全国家庭承包耕地流转面积超过5.3亿亩；农业产业化龙头企业8.7万家，依法登记的农民合作社217万个，家庭农场60万个。[①]14年期间，我国农村土地流转面积增加了9.1倍。随着农村土地流转面积的快速扩大，土地承包经营权流转市场的规范化开始提入党和国家议事日程。2008—2016年、2019年的中央一号文件均将规范土地承包经营权流转作为重要内容进行阐述，为土地承包经营权流转法治建设提供政策支持。2014年，中共中央办公厅、国务院办公厅发布《关于引导农村土地经营权有序流转发展农业适度规模经营的意见》，对新

---

① 国家统计局农村司：《农村经济持续发展　乡村振兴迈出大步——新中国成立70周年经济社会发展成就系列报告之十三》，2019年8月7日，见 http://www.stats.gov.cn/tjsj/zxfb/201908/t20190807_1689636.html。

时期土地承包经营权流转的健康、有序发展及农业适度规模经营提出指导意见。此阶段，国家政策与法律层面对土地承包经营权流转持支持、鼓励态度，但同时也提出建立健全相关法律法规，规范土地承包经营权流转。

第二节 土地经营权流转的意义

一、拓宽农业现代化资金来源

城乡二元制背景下的我国小农体制下的家庭经营农业生产效率低，农业增长还基本停留在依靠劳动力及生产资料投入阶段，难以适应农业产业化、现代化发展的需要。农业现代化实质上是农业生产由劳动密集型向资本密集型、技术密集型的转变。改造传统农业离不开社会资本，特别是工商资本的参与，仅靠农户自身及国家财政投入难以满足农业现代化建设的需要。我国部分产业产能过剩，存在城市资本过剩现象，与此同时，农村资本则几近枯竭。统筹城乡发展，实现工业反哺农业、城市支持农业，最关键的是促进资本下乡，为农村发展和农业现代化注入活力。推进土地经营权流转集中，实现规模经营，发展现代农业，需要大量的资本，这为资本下乡提供了广阔天地。① 在为改造传统农业提供资金支持的同时，社会资本参与土地流转，也会给农业发展带来先进技术及管理经验。

---

① 刘维东：《土地流转的意义》，《学习时报》2013 年 9 月 16 日。

二、实现农业规模化经营

根据第三次全国农业普查数据计算[①]，我国平均每个农户经营9.8亩，每个农业从业人员只能经营6.4亩耕地。以农户为单位的传统小农经营，家庭经营耕地面积小，劳动生产率水平比较低，农业生产以自然分工为主，缺乏社会分工，无法适应市场经济发展，对提高农民收入贡献有限。随着工业化、城镇化推进，农民非农就业收入不断提高，从事农业的意愿下降，出现了粗放经营甚至抛荒的现象。[②]农业生产的集约化、规模化经营是世界主要发达国家实现农业现代化的前提和必然选择。允许农民通过转出租等形式进行土地经营权自由流转，发挥市场在资源配置中的决定性作用，改变传统的一家一户经营模式，使土地集中到种粮专业户、专业合作社及农业企业等新型农业经营主体手中，实现农业生产向规模化、集约化的现代化农业转型，既优化了资源配置提高劳动生产率，也使农民分享了土地收益，实现效益目标的最大化。

三、增加农民收入、促进农民职业化

土地经营权流转使农民获得了租金、股权分红等收入。例如，根据国家统计局湖南调查总队统计数据显示，经营权租金已经成为农民

[①]　国务院第三次全国农业普查领导小组办公室、国家统计局：《第三次全国农业普查主要数据公报（第一号）》，2017年12月14日，见 http://www.stats.gov.cn/tjsj/tjgb/nypcgb/qgnypcgb/201712/t20171214_1562740.html。

[②]　于文静、王宇：《用五年时间完成确权颁证　培育新型农业经营主体》，《北京日报》2014年11月21日。

财产性收入增长的第二大拉动因素，成为农民财产性收入的第三大组成部分。[①] 与地理位置比较优越的城镇郊区农村比较，普通农村财产性收入有限，缺乏增长后劲，土地权利的货币化使得普通农村居民有机会增加财产性收入。土地经营权流转使得农民从土地中解放出来，使得农村剩余、闲置劳动力从事第二、三产业，拓宽了增收渠道，增加财产性收入。同时，实行土地经营权流转，实现人地分离，也促进了农民的职业化发展。2015 年，中共中央、国务院发布《关于加大改革创新力度　加快农业现代化建设的若干意见》提出大力培养新型职业农民的目标，以推动农业的现代化。培养职业农民要与发展农业的适度规模经营结合起来。实行土地流转，可以使真正想种地的人留下来、种好地，提升农业生产能力，培养一大批种粮专业户、专业人才，促进农民由身份向职业的转变。

四、推进城乡协调发展

城乡协调发展就是改变城乡二元结构，转变"城市工业，农村农业"的发展模式，加快城镇化，实现农业现代化。我国农村人口多，耕地资源有限，人均耕地 0.1 公顷，农户户均耕地经营规模 0.6 公顷，在城乡二元结构下，农业规模经营难以开展，传统农业生产方式难以改变。认识到农村土地规模经营的重要性，就抓住了"三农"问题的主要矛盾。农村转移人口的城镇化是推动土地承包经营权流转的重要动力。农村劳动力的减少可以促进农业生产的规模化，提升农业现代

---

① 国家统计局湖南调查总队：《加快土地流转助推劳力转移和增加农民收入》，2015 年 7 月 17 日，见 http://www.hndc.gov.cn/hndc/fxyj/gdbg/201507/t20150717_80478.html。

化水平，进而提升农民收入和生活水平。城镇经济实力的提升会进一步增加其反哺农村、农业的能力，加快农村经济社会发展进度。

第三节　土地经营权流转准入与监管制度的作用

实行土地经营权流转准入与监管是当下我国土地经营权流转新阶段的必然选择，其对规范流转行为，防范流转风险，提升流转质量具有重要意义。

一、规范土地经营权流转

在现阶段我国土地经营权流转过程中，一方面是流转加速发展，流转规模扩大；另一方面是土地流转中的无序发展问题逐渐凸显。这其中，工商资本进入土地经营权流转领域中所带来的风险尤其值得我们重视，"一是随意改变土地用途，打着农业产业化或粮食生产，设施农业、休闲旅游农业的幌子，搞非农非粮产业，或者搞房地产开发；二是有的蓄意囤地，想发农业财；三是土地流转规模过大，投资随意，市场不看好，风险难避，给农民带来租金等损失；四是热钱涌流，拿地搞小产权房，或借农村旧村改造，投资囤房囤地"[1]。这些行为及其所引发的不利后果已经背离了国家实行土地经营权流转的政策初衷，不但不能促进耕地的集约化利用和规模化经营，

---

[1] 孙晓明：《土地流转非农非粮化到了什么程度?》，2015 年 5 月 19 日，见 http://www.qianzhan.com/analyst/detail/329/150519-e7dc29c5.html。

反而违反土地经营权流转"三不"原则，损害农民利益、破坏耕地、危及粮食安全，影响到整个农业的健康发展。2013—2016 年的中央一号文件均提出，建立工商资本租赁农地准入与监管制度，规范土地经营权流转市场。2015 年，农业部、中央农办、国土资源部及国家工商总局联合发布《关于加强对工商资本租赁农地监管和风险防范的意见》，提出"加强工商资本租赁农地监管和风险防范，对工商资本租赁农地实行分级备案，严格准入门槛"，"加强事中事后监管，防止出现一些工商资本到农村流转土地后搞非农建设、影响耕地保护和粮食生产等问题"。

二、完善土地经营权流转程序规则

1988 年《宪法修正案》是土地流转产生和发展的重要法律依据。我国土地流转法律制度形成于《中华人民共和国物权法》(以下简称《物权法》)、《农村土地承包法》及《农村土地承包经营权流转管理办法》①三部法律、规章中。土地流转法律制度内容主要涉及流转原则、流转方式、流转合同及政府流转管理职责等内容。受限于立法时土地流转还处于非常初级、缓慢发展的历史背景，土地流转程序规则设计还相当简单、原则，目的在于给土地承包经营权流转创造一个宽松的法律环境。例如，作为流转监管制度的重要内容——政府流转管理职责，内容十分简单，主要侧重对流转合同的规范管理。流转准入与监管制

---

① 《物权法》制定于 2007 年并随 2021 年《民法典》的实施而废止；《农村土地承包法》制定于 2002 年并于 2018 年被修改；《农村土地承包经营权流转管理办法》制定于 2005 年并随 2021 年《农村土地经营权流转管理办法》的实施而废止。

度的现实需要性不足，在土地承包经营权流转法律制度中未得到充分体现。随着土地流转进入快速发展阶段，无序流转引发的问题逐渐浮现，规范土地流转成为土地流转法律制度发展、完善的重点。2018年，《农村土地承包法》进行修改，实行三权分置；将原土地承包经营权流转原则"受让方须有农业经营能力"修改为土地经营权流转原则"受让方须有农业经营能力或者资质"；同时，要求建立工商企业等社会资本流转土地的资格审查、项目审核和风险防范制度。2021年实施的《农村土地经营权流转管理办法》也对工商企业等社会资本流转土地进行了相应的规范、监管。实行土地经营权流转准入与监管是对上述法律要求的具体制度安排。

三、落实耕地保护基本国策

耕地保护是指综合运用行政、经济、法律及技术等措施，对耕地数量和质量进行全面保护。耕地是粮食安全的物质载体和根本前提，在我们这样人多地少的国家，耕地保护意义尤为重大。1998年《土地管理法》修改，将耕地保护基本国策写进法律条文，"十分珍惜、合理利用土地和切实保护耕地是我国的基本国策"。耕地保护包括两方面含义：一方面是保护手段或措施的选择与运用；另一方面是耕地数量和质量的全面保护。完善相关耕地保护法律制度对耕地保护基本国策落实发挥着决定性影响。土地经营权流转实践中，对耕地保护影响最大的是违法变更农地用途，耕地利用"非农化"。实行土地经营权流转准入与监管，一方面可以对土地利用行为进行规范和监管，避免违法变更农地用途现象的发生，从根本上保证耕地数量的不减少；

另一方面，通过对工商资本等主体流转准入范围中鼓励、限制及禁止经营项目的设定及具体经营项目的审核，鼓励、引导它们根据当地资源禀赋、产业特征，重点发展资本、技术密集型产业，实现农地资源的优化配置，提高农地利用效率，禁止不合理甚至是破坏性利用耕地情况的出现。可以说，实行土地经营权流转准入与监管制度有利于实现对耕地数量和质量方面的全面保护。

第二章 实行土地经营权流转准入与监管制度的法理学

公共利益是社会公众利益的集中体现，关乎每位公民的福祉，任何个人或组织的行为不得以牺牲公共利益为代价换取自身利益。公共利益以维护公民个人利益为目的，也是公权力对私人利益进行克减的重要法定理由。本部分内容主要分析土地经营权流转所涉及的公共利益，以及从维护公共利益角度建立土地经营权流转准入与监管制度的理论必要性。

第一节 公共利益内容厘定

一、公共利益的内涵

公共利益是一个重要的法律概念，是限制权利、行使权力的合法性的前提条件。在法律规范及执法实践中，公共利益的含义及理解还处于一种不确定的状态。"公共利益这一概念最特别之处在于其不确定性，是典型的不确定法律概念。"① 边沁认为："共同体是个虚构体，由那些被认为可以说构成其成员的个人组成。那么，共同体的利益是什么呢？是组成共同体的若干成员的利益的综合；不理解什么是个人利益，谈共同体的利益便毫无意义。"② 所谓公共利益，就是社会个体利益的总和。马克思认为："公共利益不是仅仅作为一种'普遍的东西'存在于观念中，而且首先作为彼此分工的个人之间的相互依存关系存在于现实中。"③ 博登海默认为，公共利益"意味着在分配和行使个人权利时决不可超越的外部界限"，外部界限，是指"赋予个人权利以实质性的范围本身就是增进公共利益的一个基本条件"。④ 公共利益内涵具有高度抽象性和不确定性，在现有理论范畴内，很难对其进行统一、明确的定义。笔者在此并不想试图对公共利益进行定义，只想通过对不同学者的理论及学说主张的描述和分析，在一定程度上厘清公共利益的内涵并给予其一定的确定性，为公共利益范围的把握提供理论层面的支撑。

对于公共利益的特征，国内一些学者已经进行了相关理论梳理，其中比较有代表性的观点有韩大元提出的"六个因素"⑤、莫于川提出的"六条标准"⑥ 和袁曙宏提出的"四个标准"⑦。综合分析这些学者的观点，公共利益具有如下几个基本特征。

---

① 陈新民：《德国公法学基础理论》，山东人民出版社 2001 年版，第 182 页。

② ［英］边沁：《道德与立法原理导论》，时殷弘译，商务印书馆 2000 年版，第 58 页。

③ 《马克思恩格斯全集》第 3 卷，人民出版社 1960 年版，第 930 页。

④ ［美］E. 博登海默：《法理学：法律哲学与法律方法》，邓正来译，中国政法大学出版社 1998 年版，第 298、316 页。

⑤ 韩大元：《宪法文本中"公共利益"的规范分析》，《法学论坛》2005 年第 1 期。

⑥ 莫于川：《判断"公共利益"的六条标准》，《法制日报》2004 年 5 月 27 日。

⑦ 袁曙宏：《"公共利益"如何界定》，《人民日报》2004 年 8 月 11 日。

第一，公共利益具有整体性和普遍性。公共利益不局限于社会的某一区域、某一部门利益，也不是社会公众个人利益的简单相加，其在主体上是社会的整体而非局部利益，在内容方面具有普遍性。整体性和普遍性并不反对公共利益的具体化和地域性，但前提是其不能独立于整体性、普遍性以外，脱离国家的整体社会经济发展进程。

第二，公共利益具有不确定性。首先，主体的不明确。公共利益并不是个人利益的简单累积，它是一种有别于个人利益，且独立存在的利益形式。作为一种独立的利益类型，其代表者，即主体，并不明确。其次，利益内容的不确定。公共利益的形成及确认严重依赖当时社会的客观情况。最后，受益对象的不明确。虽然对于公共利益的内涵并未形成统一认识，但并不能否认"公共利益的受益人为社会多数人"这一基本事实。

第三，公共利益具有发展性。公共利益的发展性既表现为纵向层面的不同历史时期的公共利益内容变化，还表现为横向层面上的同一时期不同国家或地区公共利益内容选择方面的差异。公共利益反映的是主体对客体的需求，从本质上讲，公共利益属于社会关系范畴，由生产力决定，并随其变化而发展。公共利益是历史的、具体的，在不同的社会发展阶段，其内容具有差异性和发展性。

第四，公共利益具有层次性和多样性。公共利益具有抽象性，需要由不同的法律法规进行立法表达，其层次性就体现为不同位阶的法律中的"公共利益"。"多样性"则是一种横向的比较，每种类型公共利益又由许多具体的利益内容所组成。

第五，公共利益具有价值选择性。公共利益概念本身就体现了价值选择与平衡的结果。法律给予公共利益特殊地位，公共利益是限制和克减公民权利的重要依据和理由。例如我国《宪法》第五十一条规定：公民在行使自由和权利的时候，不得损害社会的利益。公共利益是价值比较、选择的结果，公共利益是具有相对性，并非绝对存在。公共利益与个人利益的价值比较选择本身并非目的而是手段，价值选择的目的在于通过公共性行为的行使来保护和增加个人利益。

二、公共利益范围的把握

结合上述对公共利益基本特征的分析，考虑某一事物是否具有公共利益属性，要从以下几个因素把握。

第一，公共利益具有"公共受益性"。凡被纳入公共利益范畴内的利益，其受益人并不是特定的个人、群体或部门等，而是不特定的大多数。判断和认定某种利益是否属于公共利益，其首先标志是"公众受益性"。

第二，公共利益具有"利益冲突性"。公共利益存在的前提是利益冲突。在利益冲突过程中，相关主体的利益诉求得不到同时满足，必须以牺牲一方利益来换取另一方利益的满足。

第三，公共利益具有"价值选择性"。公共利益本身就是利益价值选择的结果。因此，在发生利益冲突时，需要引入法的价值体系作为比较标准，以决定利益取舍。体现高位阶且处于绝对优势地位的法的价值的利益才能真正成为公共利益。

第四，公共利益具有"选择唯一性"。在解决相关利益冲突时，除公共利益条款使用外，还存在其他法律途径的情况下，则没有必要首先适应公共利益条款，公共利益条款的适用具有"唯一性"，毕竟其适用涉及公权力对私权利的限制。

第二节　公共利益的重要内容：粮食安全、耕地保护

不同于其他行业的生产活动，农业生产活动具有一定的特殊性，其以土地为物质生产载体，利用动植物生长发育自然规律，为人类生存和发展提供最重要、最基础的物质资料。依据上述对公共利益内涵的分析及公共利益属性需要把握的要素的分析，从受益对象和法律价值位阶等层面考虑，土地流转中的粮食安全及耕地保护具有强烈的公共利益属性。国家把粮食安全提升到国家战略高度和实行耕地保护基本国策是对它们公共利益属性的有力说明。

一、粮食安全

（一）粮食安全的公共利益属性分析

粮食安全的重要性我国自古便认识到，"王者以民为天，民以食为天""洪范八政，食为政首"便是粮食安全重要性的集中反映。现代意义上的粮食安全概念，最早出现于1974年联合国粮农组织第一次世界粮食首脑会议上，此次会议把粮食安全定义为："保证任何人在任何时期都能得到为了生存和健康所需要的足够食物。"1983年，联合国粮农组织对粮食安全概念进行第一次修正，提出了"确保任何人在任何时候，既能买得到又能买得起其所需要的基本食品"的粮食安全目标。1996年，联合国粮农组织对粮食安全概念进行第二

次修正，在《世界粮食首脑会议行动计划》中提出，"只有当所有人在任何时候都能够在物质上和经济上获得足够、安全和富有营养的粮食来满足其积极和健康生活的膳食需要及食物喜好时，才实现了粮食安全"①。通过联合国粮农组织对粮食安全的定义及修正，我们可知，粮食安全的基本内涵为确保任何人可以获得生存所需要的足够的食物。

粮食安全是政府针对一国或地区内所有人提供的，只要生活在该国或地区的境内，政府都有义务保障其获得粮食安全。不同于粮食消费的独立性、分割性，粮食安全具有整体性、不可分割性。粮食安全的整体性、不可分割性也使其具有非排他性。粮食安全的目的在于保障每个人获取生存所需要的足够的粮食，一个人在享有政府所提供的粮食安全的同时，不能也不可能排除其他个体享有粮食安全。"粮食安全的非排他性特征是存在的，它表现为政府为每一个公民的粮食安全采取诸多措施，如储备、粮食救济等。"②同时，从历史角度分析，一个国家的粮食安全相关法律及政策具有较强的稳定性，很少出现短期内的大幅度调整，更不会因为短期内的公民数量的变化而进行调整，消费的非竞争性特征显著。粮食安全符合公共产品"效用的不可分割性""消费的非竞争性"和"受益的非排他性"的基本特点，是一个典型的公共产品。

"作为公众'对一定对象的需求'必须有载体，公共利益的载体

---

① 联合国粮食及农业组织：《世界粮食首脑会议行动计划》，1996 年 11 月 13 日，见 http://www.fao.org/3/w3613c/w3613c00.htm。

② 胡靖：《中国粮食安全：公共品属性与长期调控重点》，《中国农村观察》2004 年第 4 期。

就是公共产品。"①"公共利益的客观实在性直接源自于公共产品存在的现实。"②公共产品与公共利益范围具有一致性。粮食安全作为公共产品所具有的效用的不可分割性、消费的非竞争性和受益的非排他性同样集中体现了公共利益的特征。粮食安全是政府向公众提供获取充足食物的责任，其受益范围具有普遍性，不针对某个人或群体。粮食是人类生存的必需品，在人类的生存需求与其他需求关系中，生存需求具有基础性、优先性。之所以在土地承包经营权流转中把粮食安全作为公共利益予以优先保护，其原因也在于此。对流转经营主体的经营自由权等私权利进行限制以保障国家的粮食安全是在此矛盾冲突下的唯一选择。粮食安全是一种公共产品，也是公共利益的重要内容。对于我们这样只有世界7%的耕地，却要养活世界20%人口的国家来说，如何"将饭碗牢牢端在自己手上"，始终是关系到国计民生的首要任务。历史上及当代，因粮食危机所引发的社会动荡甚至国家政权更迭的情况并不鲜见。

（二）保障粮食安全是国家的重要职责

社会主义生产的目的是最大限度地满足人民群众日益增长的物质和文化需要。民以食为天，粮食是人类生存和发展的最重要、最根本的物质需要。粮食安全是国家安全的基础，保证人民"吃上饭、吃好饭"是国家的根本职责所在，也是社会主义经济发展的本质要求。我国通过法律法规明确各级政府在粮食安全保障上的职责：《宪法》及《中

---

① [美] 詹姆斯·M. 布坎南、戈登·塔洛克：《同意的计算：立宪民主的逻辑基础》，陈光金译，中国社会科学出版社2000年版，第311页。

② 陈其林：《公共产品、公共利益及其不确定性》，《中国经济问题》2007年第4期。

华人民共和国地方各级人民代表大会和地方各级人民政府组织法》（以下简称《地方各级人民代表大会和地方各级人民政府组织法》）相关条款明确规定，"国家合理安排积累和消费，兼顾国家、集体和个人的利益，在发展生产的基础上，逐步改善人民的物质生活和文化生活"、国务院"领导和管理经济工作和城乡建设"、县级以上地方各级政府"执行国民经济和社会发展规划、预算，管理本行政区域内的经济……等行政工作"。《农业法》第九条第一款规定："各级人民政府对农业和农村经济发展工作统一负责，组织各有关部门和全社会做好发展农业和为发展农业服务的各项工作"；第三十条第一款规定："国家采取措施保护和提高粮食综合生产能力，稳步提高粮食生产水平，保障粮食安全"。2014 年，国务院发布《国务院关于建立健全粮食安全省长责任制的若干意见》；2015 年，国务院发布《粮食安全省长责任制考核办法》，明确了省级人民政府在国家粮食安全保障方面职责与监督考核。2021 年，新修订的《粮食流通管理条例》第七条明确提出，"省、自治区、直辖市应当落实粮食安全党政同责，完善粮食安全省长责任制，承担保障本行政区域粮食安全的主体责任"。

在明确政府粮食安全保障法律职责的同时，国家也把粮食安全提升到"国家战略"高度。2013 年 12 月召开的中央经济工作会议，首次将粮食安全提升至"国家战略"[①] 高度。《中华人民共和国国民经济和社会发展第十四个五年规划和 2035 年远景目标纲要》把粮食安全

---

① 国家粮食安全战略具体内容：必须实施以我为主、立足国内、确保产能、适度进口、科技支撑的国家粮食安全战略。要依靠自己保口粮，集中国内资源保重点，做到谷物基本自给、口粮绝对安全。更加注重农产品质量和食品安全，转变农业发展方式，抓好粮食安全保障能力建设。

视为国家安全的重要组成部分，提出"实施粮食安全战略""制定粮食安全保障法"。在 2020 年中央农村工作会议上，习近平总书记强调，要牢牢把住粮食安全主动权，粮食生产年年要抓紧。粮食安全始终是治国理政的头等大事。

（三）我国当前粮食安全现状

我国用占世界不到 10% 的耕地养活世界近 20% 的人口，在粮食生产领域中取得巨大成就：从 2004 年到 2021 年，实现了粮食产量的十七连增，2020 年粮食产量为 13390 亿斤，实现了谷物基本自给、口粮绝对安全。然而随着经济和社会的快速发展，在粮食产量连年增长的背后，我国粮食安全形势逐渐发生变化：由"总量基本平衡、丰年有余"[①] 转变为"粮食供求总量偏紧，结构性矛盾非常突出，粮食产量保持较快增长速度已经变得很困难"。[②]"我国粮食贸易从 2004 年以来一直处于逆差态势。2019 年我国粮食进口量为 1.06 亿吨，是世界粮食进口第一大国，占我国粮食总产量的 15.98%。"[③] 虽然三大主粮（水稻、小麦、玉米）能够保证自给自足，但是我国已经成为全球最大的大豆进口国和消费国，2019 年我国进口大豆 8800 万吨，占全国大豆消费总量的 88%，占全球大豆进口量的 58.4%。

---

① 全国人民代表大会农业与农村委员会：《关于〈中华人民共和国农业法（修订草案）〉的说明》（2002 年），2002 年 6 月 24 日，见 http://www.npc.gov.cn/wxzl/gongbao/2002-12/30/content_5304812.htm。

② 朱津津：《韩俊：粮食供求总量偏紧　结构性矛盾非常突出》，2013 年 3 月 23 日，见 http://finance.people.com.cn/money/n/2013/0323/c218900-20891578.html。

③ 王晓君、何亚萍、蒋和平：《"十四五"时期的我国粮食安全：形势、问题与对策》，《改革》2020 年第 9 期。

在粮食供给日趋紧张的同时，我国需要面对一个日益扩大的粮食需求市场。国务院《国家人口发展规划（2016—2030年）》预测，至2030年，我国人口总量将达到14.5亿人。随着工业化和城镇化进程的加快，城乡居民的收入水平快速提高，食物消费结构升级，这些因素将会直接扩大我国粮食的需求量，"人民不断增长的高质量食物需求与粮食供给总量不充分、结构不平衡的矛盾日益凸显"[①]。《中国农业展望报告（2020—2029)》预测，未来10年人口增加带动口粮消费继续增长，国内稻米和小麦总消费量分别预计增长2.4%、11.8%；随着居民膳食结构的升级，带动畜牧业对玉米和大豆的总消费量预计分别增长18.7%、14.5%。[②]总体而言，未来较长一段时间内，我国粮食供求关系将处于"紧平衡"状态，供给与消费之间的失衡矛盾将更加突出。

二、耕地保护

（一）耕地保护的公共利益属性分析

无论是从历史还是从当代角度分析，我国一直是农业人口和农业经济占主导地位的国家。土地问题对我们这样的农业大国、人口大国具有非同一般的意义。我国近代的旧民主主义革命和新民主主义革命一直围绕着土地问题展开。新中国成立后，我国通过人民公社化等一系列活动，逐步实现了土地的社会主义公有制。1982年《宪法》的颁布，标

---

① 王晓君、何亚萍、蒋和平：《"十四五"时期的我国粮食安全：形势、问题与对策》，《改革》2020年第9期。

② 张晴丹：《中国农业展望报告（2020—2029）发布》，2020年4月20日，见http://news.sciencenet.cn/htmlnews/2020/4/438637.shtm。

志着我国土地公有制的正式宪法化。我国《宪法》第十条对土地所有权制度进行了明确规定，"城市的土地属于国家所有。农村和城市郊区的土地，除由法律规定属于国家所有的以外，属于集体所有；宅基地和自留地、自留山，也属于集体所有"。土地公有制是我国经济制度的重要组成部分，是社会主义制度的重要体现，也是社会主义社会区别于其他社会形态的最主要标志之一。土地是宝贵的不可再生资源，也是最基本、最重要的生产资料，是社会主义公有财产的重要组成部分。作为一种重要的公共资源，土地的价值不仅在于其作为生产及生活资料所具有的巨大经济价值，还包括其所蕴含的人类生存所必需的生态价值。

　　在我国，土地不仅是社会主义公有财产的重要组成部分，而且，其中的耕地还是粮食安全的基本前提。[①] 对我们这样人多地少的国家而言，粮食产量一直是粮食安全的最基础、最根本的保障。粮食产量的保障需要农业技术的进步，但是一定面积的耕地保有是基本前提、物质基础。任何耕地面积的减少都会对粮食安全造成不利的影响，这也是我国划定 18 亿亩耕地红线的根本原因所在。在粮食安全形势不容乐观且现有农业生产条件下粮食增产空间有限及城镇化建设用地需求快速增加的大背景下，耕地面积的重要性不言而喻。没有耕地面积的保证，就没有粮食安全。

　　综合以上情况分析，在我国进行耕地保护具有双重意义，一方面是对社会主义共有财产、公共资源的保护；另一方面也是对粮食安全的保障。保护耕地的受益对象不仅包括农村土地的所有权人及土地承

---

①　根据《土地管理法》第四条规定，我国土地分为农用地、建设用地和未利用地，其中农用地是指直接用于农业生产的土地，包括耕地、林地、草地、农田水利用地、养殖水面等。

包经营权人在内的农村土地的使用人，还包括其他不特定的多数人，受益人范围具有整体性和普遍性。耕地保护是我国土地法律制度中的基础、核心内容。我国实行土地用途管制制度、占用耕地补偿制度及永久基本农田保护制度等耕地保护制度，严格限制农用地转为建设用地、控制建设用地总量，实行占用耕地与开发复垦耕地相平衡。这些要求都说明了我国对耕地实行严格的、特殊的保护制度及耕地保护的重要性。在我国，包括土地流转在内的一切农村土地开发及利用行为，必须遵守我国的耕地保护制度，在耕地保护与经营主体的开发利用权利之间，耕地保护处于优先地位。耕地保护的受益对象的普遍性及价值优先性反映了耕地保护的公共利益特性。

（二）耕地保护是我国的基本国策

耕地是国家粮食安全的根本前提，是农业发展和农业现代化的根基和命脉，人多地少的基本国情，决定了我国耕地资源的重要性和战略性。[①]1982 年《宪法》第九条第二款规定："国家保障自然资源的合理利用，保护珍贵的动物和植物资源，禁止任何组织或者个人用任何手段侵占或者破坏自然资源。"同时，第十条第四款规定："一切使用土地的组织和个人必须合理地利用土地。"1982 年《宪法》关于自然资源保护和土地利用的规定是改革开放后我们耕地保护和管理工作的基本依据，一切土地开发利用行为必须合法，不得破坏土地。1986年，全国人大常委会颁布《土地管理法》，该法第三条规定："各级人民政府必须贯彻执行十分珍惜和合理利用土地的方针，全面规划，加

---

① 高云才：《像保护大熊猫一样保护耕地》，《人民日报》2015 年 5 月 27 日。

强管理，保护、开发土地资源，制止乱占耕地和滥用土地的行为"。此时，我国耕地保护基本国策的雏形基本形成。1998 年，《土地管理法》修改，明确规定"十分珍惜、合理利用土地和切实保护耕地是我国的基本国策"，以立法的形式确立了耕地保护的基本国策法律地位，也成为首个写入法律条文的基本国策。2008 年，《中共中央关于推进农村改革发展若干重大问题的决定》提出，"坚持最严格的耕地保护制度，层层落实责任，坚决守住十八亿亩耕地红线"。同年，《全国土地利用总体规划纲要（2006—2020 年)》提出"十一五"规划期内实现"守住十八亿亩耕地红线"的土地利用目标。至此，耕地保护基本国策已经成为我国农业发展及土地开发利用规划必须坚守的"一条红线"，其基本要求得到进一步具体化："坚守十八亿亩耕地红线"。2014 年《中华人民共和国环境保护法》（以下简称《环境保护法》）修改，将"保护环境是国家的基本国策"写入法律。土地是自然环境组成要素，环境保护基本国策的法律化也为耕地保护基本国策注入了新的内涵，耕地保护也要适应生态文明建设的需要。

随着经济社会的发展，耕地保护基本国策的基本内涵也在逐渐变化，耕地保护逐步由传统严格控制耕地转为非耕地的用途管制、坚守耕地 18 亿亩红线向耕地数量控制与耕地生态功能保护与恢复并重新思路的转变；耕地保护的手段也由传统的消极保护（主要通过法律法规作出各种禁止性规定）向消极保护与积极保护并重、实现耕地保护方式的多元化、综合化转变。

（三）我国耕地资源现状

当前我国人均耕地仅 0.1 公顷，还不到世界平均水平的 50%，耕地资源相对不足。随着我国经济发展和城镇化的加快，耕地资源在数量及质量方面都面临诸多问题与挑战。

1. 耕地面积减少

随着人口的增加及工业化、城镇化进程的加快，耕地占用的压力将长期存在并可能逐步加剧，耕地面积数量将会持续减少。根据国土资源部统计数据显示，从 2007 年第二次全国土地调查至 2017 年期间，我国耕地面积共减少约 783.7 万亩，平均每年减少约 98 万亩。[①] 同时，虽然我国耕地保护政策是全世界最严格的，但是我国基层土地执法不够规范，还存在农村违法占用耕地的现象，例如，在城市郊区及乡村交通道路两侧违法建房、建厂情况比较突出，而这些违法占用情况并未完全如实纳入统计中，真实的耕地减少面积要比统计数据多一些。此外，我国耕地后备资源存量不足。"据统计，全国集中连片、具有一定规模的耕地后备资源仅有大约 8000 万亩，且除了东北和新疆部分地区外，大多分布在水土光热条件差、补充耕地难度大的生态脆弱地区。"[②]

2. 耕地质量下降

根据 2013 年发布的第二次全国土地调查数据显示，全国耕地平均质量等级[③]为 9.96 等，总体质量偏低。其中优等地、高等地面积各为 385.24 万、3586.22 万公顷，分别占全国耕地总评定等级面积的

---

① 根据《关于第二次全国土地调查主要数据成果的公报》《2017 中国土地矿产海洋资源统计公报》有关数据计算而得。第二次全国土地调查数据显示，截至 2009 年底，全国耕地面积为 13538.5 万公顷；《2017 中国土地矿产海洋资源统计公报》数据显示，截至 2017 年底，全国耕地面积为 13486.32 万公顷。

② 胡鞍钢、地力夏提·吾布力、鄢一龙：《粮食安全"十三五"规划基本思路》，《清华大学学报（哲学社会科学版）》2015 年第 5 期。

③ 全国耕地评定为 15 个等级，1 等耕地质量最好，15 等耕地质量最差。1—4 等、5—8 等、9—12 等、13—15 等耕地分别划为优等地、高等地、中等地、低等地。

2.9%和26.5%；中等地、低等地面积各为7149.32万、2386.47万公顷，分别占全国耕地总评定等级面积的52.9%、17.7%。[①]

同时，工业及农业生产活动对耕地造成污染，在一定程度上影响耕地质量。我国受重金属污染的耕地面积有3亿亩，其中5000万亩已不宜耕种；约2.4亿亩耕地遭受农药污染，污水灌溉耕地3250万亩。[②]耕地污染不但导致可耕种面积减少，同时也导致粮食质量下降。近年来出现的镉大米、毒蔬菜等食品安全事件，是土壤污染严重后果的典型表现。我国耕地基础地力偏低，为提高粮食产量并实现产量的十七连增，我们投入大量的农药化肥等农资。"2015年农业化肥总用量为5416万吨"[③]，我国已经成为世界上最大的化肥生产国和消费国。在提高粮食产量的同时，农药化肥等的大量使用，也给耕地生态功能造成一定程度上的损害，如地力下降、耕地土壤酸化及土壤污染等问题。

第三节　实行土地经营权流转准入
与监管制度的理论解构

《宪法》第十条规定："土地的使用权可以依照法律的规定转让。一切使用土地的组织和个人必须合理地利用土地。"宪法此款规定是

---

① 国土资源部：《2014中国国土资源公报》。

② 环境保护部、国土资源部：《全国土壤污染状况调查公报》，2014年4月17日，见http://www.gov.cn/foot/2014-04/17/content_2661768.htm。

③ 张福锁：《化肥减量增效助力农业绿色发展　我国农用化肥用量43年首次实现负增长》，2017年12月27日，见http://www.moa.gov.cn/xw/zwdt/201712/t20171227_6131397.htm。

对包括集体土地在内的一切土地利用主体提出的明确要求。国家有责任建立健全相关法律法规，保障"必须合理利用土地"宪法要求及耕地保护基本国策的有效落实。

《宪法》第十五条规定："国家加强经济立法，完善宏观调控。国家依法禁止任何组织或者个人干扰社会经济秩序。""社会主义市场经济的根本特征是，社会经济资源的配置在国家的宏观调控下以市场调节为主。"[1]实行市场准入与监管制度是国家宏观调控职能的具体表现形式。2015年中央一号文件及《关于引导农村土地经营权有序流转发展农业适度规模经营的意见》均提出，"尽快制定工商资本租赁农地的准入和监管办法，严禁擅自改变农业用途"。制定土地经营权流转准入与监管法律是国家对土地流转市场进行宏观调控的重要手段，也是落实耕地保护基本国策的重要措施。

《中华人民共和国行政许可法》（以下简称《行政许可法》）规定，对直接涉及国家安全、公共安全、经济宏观调控、生态环境保护等特定活动及直接关系公共利益的特定行业的市场准入等，可以设定行政许可。[2]

一、土地经营权流转过程中的外部性问题

不同于计划经济由国家主导的资源配置方式，市场经济条件下，市场在资源配置中起到决定性作用，各种生产要素在市场中自由流

---

[1] 许安标、刘松山：《中华人民共和国宪法通释》，中国法制出版社2003年版，第57页。

[2] 《中华人民共和国行政许可法》第十二条。

通。市场经济是一种重要的、高效率的资源配置方式，解放了生产力，有力地促进了经济的发展。但是任何事物都具有一定的局限性，市场并不能解决所有的经济、社会问题，在某些领域中存在"市场失灵"现象。市场经济下的理性经济人的行为最终并不必然产生理性结果，甚至会带来非理性结果。市场失灵，是指在市场价格机制功能完全的情况下，市场状态无法达到完全竞争状态或不能达到经济效率最高化的现象。市场失灵的典型表现是外部性问题。外部性是经济学术语，是指"交易中未加考虑而由第三者承受的效果"①。外部性分为正外部性和负外部性。市场失灵层面上的外部性主要是指负外部性，又称外部不经济，其典型表现为环境污染。市场交易的重要前提是产权清晰，可以自由交易。像环境这类物品，其拥有和使用具有不可分割性。在生产或交易中，市场主体为实现利益最大化，往往忽略他人或社会利益，并未将其生产行为给他人或社会利益带来的损失或不利内化为生产成本。正常的市场交易原则不但不能解决外部性问题，反而会加剧外部性问题的产生。

土地流转实践中，土地经营主体为获取自身经济利益的最大化，给社会公共利益带来诸多负面影响，其外部性主要表现为耕地资源的破坏性使用及对粮食安全的影响。耕地是一种重要的公共资源，特别是对我们这样的人多地少的国家，其重要性不言而喻。我国实行严格的土地用途管制，农地农用，严禁擅自违法改变耕地用途及破坏性利用。在土地承包经营权流转实践中，有的擅自改变农地用途，将流转来的农地用于非农业建设，变相从事土地开发，大搞休闲度假村和房

---

① ［美］丹尼尔·F.史普博：《管制与市场》，余晖、何帆、钱家骏、周维富译，格致出版社、上海三联书店、上海人民出版社 1999 年版，第 3 页。

地产开发等"非农"建设;有的流转受让方,特别是工商企业,为获取高额利润,违反土地资源开发利用规律,对耕地资源进行破坏性、掠夺性开发,造成了农业生态资源的消耗和损害。同时,土地流转中的非粮化现象突出,工商资本流转土地多从事花卉、药材、苗木、蔬菜等高附加值经济作物种植,粮食种植面积下降,"非粮"趋势加剧。一方面,土地承包经营权流转过程中的非农非粮现象违反耕地保护基本国策,破坏耕地资源;另一方面,非农非粮现象直接危及粮食安全,影响粮食的生产及供给。

二、现行土地经营权流转中政府干预手段的局限性

市场失灵现象的存在为政府干预流转提供了空间。解决了政府为什么要干预的问题后,还需要回答政府干预手段选择的问题。不同的干预手段会产生不同的法律效果,只有能够有效消除市场失灵,潜在经济效益明显高于干预成本的干预措施才是合适、可取的。政府干预手段的选择直接关系到干预效果。从法律角度分析,政府干预手段属于行政法范畴,干预手段的选择也就是不同行政行为方式的选择。政府行政行为的方式分为私法行政行为(如政府采购拍卖及补贴)和公法行政行为。公法行政行为分为非强制性行为(如行政指导、奖励、调解)和强制性行政行为。

在我国土地流转实践中,政府实行强制与非强制干预相结合,干预手段主要为行政指导、行政补贴和行政处罚。在我国土地流转中,运用最广泛的政府干预手段就是行政指导,从中央到地方各级人民政府及相关部门积极出台相关政策指导、推动土地流转。流转政策的

出台有力地推动了土地流转的开展，流转加速，流转规模扩大。但是，由于政策本身的原则性强及法律强制力不足，指导效果有限，对于违背政策初衷的流转行为难以产生有效约束，行政指导目的往往难以达到，不能满足新形势下土地流转发展的需要。行政补贴，是指行政主体为了实现特定的公共利益，而给经营者或者企业发放财产性资助的行为。[①] 在土地流转实践中，各级政府往往运用行政补贴方式资助土地流转大户或企业，推动规模土地流转，以实现适度规模经营的目的。土地流转行政补贴目的单一，仅限于实现规模效应，对于流转后土地的合理使用及粮食种植并不具有相应的补助和引导作用。流转实践中，"圈地"套补贴现象在一定程度上说明了行政补贴的局限性，其对非粮非农现象并不能起到良好的遏制作用。同时，行政补贴还存在决策程序规范性不足、随意性较强、易滋生腐败等问题。行政处罚是典型的事后管理手段。我国实行土地用途管制，严禁违法改变土地用途，实行基本农田保护制度。《土地管理法》规定，破坏耕地、违法改变耕地用途者，应当承担限期改正或者治理的行政法律责任；构成犯罪的，依法追究刑事责任。但是在土地流转实践中，土地管理部门对破坏及不合理使用耕地、改变耕地用途的行为监管比较薄弱，不合理、违法使用耕地的行为较普遍，这也直接导致了非农现象的出现。更为重要的是，行政处罚这种事后管理手段对不合理、违法使用耕地的行为预防性不足，行政行为社会成本高，且耕地生态功能恢复代价大甚至难以恢复。

通过以上对现行政府干预手段的分析，我国的土地流转政府干预

---

① 杨解君：《行政法学》，方正出版社 2002 年版，第 383 页。

以非强制性的引导为主，强制性手段或措施适用范围有限，难以满足有效规范土地流转的需要，与我国实行严格的耕地保护制度不相适应。同时，现行干预手段事前事中管理、干预力度不够，耕地保护成本过高。耕地是宝贵的不可再生资源，土地承包经营权流转涉及耕地面积大、范围广，事前事中管理不够极易给耕地保护带来重大损害。

三、实行土地经营权流转准入与监管的必然性

市场经济中政府干预经济的手段具有多元性，既包括私法手段，也包括公法手段。上文分析了土地流转中市场失灵的原因及表现、现行政府干预土地流转措施的局限性，因此，有必要引入新的政府干预措施或制度安排，在事前事中阶段解决土地流转中的市场失灵现象，保障粮食安全、保护耕地。"坚持保护优先、预防为主"已经成为我国《环境保护法》的基本原则之一。

（一）政府干预土地经营权流转措施的选择

鉴于政府干预经济手段的多元性，行政主体应该根据所管理事项之不同及特征，在法律范围内选择合适的干预手段。一般来讲，政府通过私法手段干预的事项多为"频繁性、权益性及事务性的事务"[1]，公法手段干预的多为管理性、支配性、制度性的事务。从总体情况看，政府对经济进行管理采取的公法手段情况居多。对土地流转实行准入，符合行政法中政府干预经济的基本准则。

---

[1]　王克稳：《经济行政法基本论》，北京大学出版社2004年版，第127页。

首先，政府干预必须拥有法律依据。不同于民事法律中的"法无禁止即自由"，在公法领域实行"法无明文规定即禁止"。法定范围以外的事项，公权力是无法且不能干预的，没有法律明文规定的情况下，不得使用类推等方式间接推定法律依据，以免使公权力行使欠缺法律依据。实行土地流转准入必须于法有据。我国现阶段土地流转准入制度不够健全，实行土地流转准入制度于法有据主要体现在两方面。

第一，实行土地流转准入制度具有法律依据。我国宪法要求一切利用土地的组织和个人必须合理利用土地是我国实行土地流转准入的宪法依据。我国行政许可法规定，对直接涉及经济宏观调控、生态环境保护等特定活动及直接关系公共利益的特定行业的市场准入等，可以设立行政许可。耕地是纳入我国法律调整范围内的重要的有限自然资源，实行土地流转准入既关系到对农业经济的宏观调控，又涉及对有限自然资源的开发利用规范，完全符合行政许可法。我国新修订的《农村土地承包法》和新颁布的《农村土地经营权流转管理办法》已经对工商企业等社会资本流转土地经营权提出建立资格审查、项目审核和风险防范制度。

第二，我国已经明确提出建立工商资本租赁土地准入与监管办法。这也从另外一个方面反映了我国实行土地流转准入制度于法有据。政府干预经济要遵循依法行政原则，依法行政的基本前提要有执法依据。工商资本租地准入与监管办法将对工商资本土地流转领域的准入资格、监管内容、监管主体等内容进行相应规定，这将为行政机关干预土地流转提供明确的法律依据。

其次，政府干预措施的使用必须在法定自由裁量权范围内。如果说"政府干预手段必须具有法律依据"解决的是干预的合法性问题，那么"政府干预措施的使用必须在法定自由裁量权范围内"解决的则是合法性范围内的合理性、合适性问题。当法律赋予行政主体在干预手段选择方面一定的自由空间或未予以限制时，行政主体可以在此基础上选择合适的且不违反法律规定的干预手段。但是干预手段的自由裁量也不是无条件的，要在对干预目的、干预事项具体情况、干预手段强度等多种因素综合考虑基础上选择最合适的。我国《土地管理法》第三条规定："十分珍惜、合理利用土地和切实保护耕地是我国的基本国策。各级人民政府应当采取措施，全面规划，严格管理，保护、开发土地资源，制止非法占用土地的行为。"由此可知，法律授权了各级政府可以选择其认为合适的管理措施以达到耕地保护之目的。实行土地流转准入是政府规范土地流转及进行耕地保护的可行手段。

最后，政府干预手段的选择应当遵循比例原则。比例原则，是指"行政机关实施行政行为应兼顾行政目标的实现和适当性手段的选择，保障公共利益和行政相对人权益的均衡"①。关于比例原则，学界通说采取"三分法"，即将比例原则再细分为适当性原则、必要性原则和狭义比例原则。适当性原则要求行政主体采取的措施与行政目的之间具有联系性，至少有助于目的的实现。必要性原则，又称最小侵害原则，要求行政行为之选择必须对社会公众利益或行政相对人利益损害最小或不造成损害。狭义比例原则，要求行政行为行使所产生的害处不得超过行政行为行使所带来的好处，"即所谓手段不得与所追求之目的不成比例"②。本质上讲，比例原则是一种利益衡量方式。实

---

① 姜明安：《行政法》，北京大学出版社 2017 年版，第 124 页。

② 杨临宏：《行政法原理与制度》，云南大学出版社 2010 年版，第 141 页。

行土地承包经营权流转准入是对比例原则的具体运用。比例原则的最核心要求是实施行政行为时，在可选择的措施中应选择对相对人及社会公共利益损害最小的措施。可见，比例原则的实施是一个比较选择的结果。结合前文分析，我国现行的土地流转的主要干预手段还存在一些不足，不能很好地做到经营主体经营自由权利与公共利益的平衡，实现管理成本的最小化。流转准入的实施侧重事前事中干预，避免了事后干预的高成本现象；同时，通过准入标准的设立，引导适格农业经营主体进入流转领域，以对经营主体最小限度之损害实现流转干预目的之实现。但是，理论上的应然分析并不必然带来流转准入制度对比例原则的实然运用。在土地经营权流转准入制度建立健全的过程中，必须严格规范和约束行政机关的准入设定权等行政权力，避免对流转市场造成不当干预和破坏。

（二）社会经济分工需要市场准入

人类社会发展历程中的绝大部分为农业社会时期，由于生产力落后、经济发展程度低，并不存在明显的社会分工。随着近代工业革命的兴起，工业逐渐取代农业成为最重要的产业部门，市场经济逐渐形成和发展，社会分工日益细化，"逐渐有趋势对从事某些特殊职业的个人加以限制，要求他们取得国家机关所颁发的营业执照"[1]。市场经济的发展，带来许多社会问题，纯粹追求个人或私人利益会损害社会公共利益。为了维护社会公共利益，需要政府对市场主体的行为进行管理和控制；社会分工对市场主体的从业技能、资质要求越来越高，

---

① 　[美]弥尔顿·弗里德曼：《资本主义与自由》，张瑞玉译，商务印书馆1986年版，第131页。

不具备相应职业技能、资质的市场主体不但不能胜任相应的工作岗位，甚至还可能给行业或社会的发展带来负面影响；社会的发展使人与人之间的联系愈来愈紧密，相互之间的影响也越来越大，为防止个人行为损害社会利益，有必要对个人行为实行事前管理，规范其职业行为。准入制度通过设定准入条件、资格的形式把从业自由与从业要求良好地结合起来，政府机关可以根据公共利益保障的需要，设立相应的许可条件并发放许可证。准入制度的优势赋予其强大的生命力，在现代社会，其已经成为政府重要的经济管理手段之一。准入制度的事前管理性的优势对于土地流转规范具有重要的意义。通过事前控制，对受让主体设立准入资格，杜绝没有农业经营能力或经营能力不能满足需要的主体进入土地流转领域，可以有效地对流转后的非粮非农风险进行防范，保障流转的健康、有序发展。

（三）准入制度的功能

准入属于行政许可范畴，是一种重要的社会与经济管理方式，其对公民、法人和其他组织的合法权益、社会公共利益及社会秩序的维护发挥着重要的作用。具体而言，其包括以下 3 种功能：

第一，控制危险。控制危险是准入制度最主要、最基本的功能。在社会经济发展过程中，如果个人或组织的行为可能对他人利益、公共利益或社会秩序带来潜在的危险，政府必须加以控制，避免潜在危险的发生，这是政府的重要职责。行政监管手段分为事前监管、事中监管和事后监管，准入制度属于事前监管。通过设定行政许可的方式，对个人或组织设定行为方式、条件，来保障行为的安全性，避免损害的发生。例如，企业生产要排放污染物，其生产对社会发展又是有益的，这种情况下，通过设立排污许可，既控制了企业的排污行为，也保障了企业的正常生产。从管理成本和效果分析，事前监管主要针对系统性问题；事后监管则主要针对随机性发生的问题。从这个角度讲，建立健全准入制度的目的在于防患于未然，而非解决损害后果。

第二，配置资源。市场是一种重要的资源配置方式，但是市场并不是万能的，存在一定的局限性。"在有限资源领域，完全靠市场自发调节来配置资源，不仅会导致资源的严重不公，而且还会导致资源配置的低效率。"市场失灵为政府干预资源配置提供了机会。因此，世界各国的通行做法是以设定准入制度的方式配置有限资源。市场和政府发挥作用受到多种因素影响和制约，因此，在不同时期、不同国家，准入制度在资源配置方面的作用效果也不尽相同。可以说，随着我国市场经济制度的逐渐发展和成熟，准入制度在我国资源配置中的作用会越来越大。

第三，提供公信力证明。由于市场经济存在信息不对称，有些市场信息要么通过正常手段难以获得，要么获得代价比较高，为了解决市场信息失衡，矫正市场交易失真状态，提高市场交易速度，需要政府建立准入制度，确定市场主体的资格或身份，使交易相对人低成本地获得特定市场主体的具有公信力的信息，识别被许可人某方面条件及资质是否达到特定标准。资格证书之类的提供公信力证明的主体包括私人主体和政府机构。一般而言，政府机构适宜在私人机构无法提供具有公信力的信息的情况下，通过行政许可的方式提供相关信息。

（四）准入与监管的关系

准入制度从本质上讲是对许可相对人是否具备法定条件或标准的

核实。对许可人来说，许可具有权利与义务相结合的双重属性。许可一方面允许被许可人从事特定领域活动，获取经济利益；另一方面，被许可人在获得许可后始终负有保证其具备法定许可条件，达到法定许可标准的义务，否则，被许可人即失去了被许可人的法律地位。同其他主体相比，被许可人始终负有更多的法律义务和责任。被许可人职业要求的特殊性决定了行政机关在做出许可决定后必须对被许可人的许可条件是否持续具备、是否在法定范围内从业等情况进行监督、检查，以保证行政许可功能的正常发挥。可以说，许可后的监管对于准入制度功能的发挥起着重要的保障功能。

根据我国《行政许可法》及相关法律规定，行政许可的监督、检查主要包括监管对象、监管手段及法律责任三方面内容。行政监管对象不仅包括被许可人，还包括许可机关及其工作人员。根据监管对象的不同，监管手段及法律责任也具有不同。对于被许可人，可以适用的监管手段主要包括：书面材料检查，抽样检查、检验与检测，实地检查，定期检验，被许可人自检及个人、组织举报、投诉等。对许可机关及其工作人员的监督检查手段依据对象主体的不同而有区别。有权对许可机关及其工作人员进行监管的主体包括权力机关、监察机关、司法机关、行政机关和社会公众。权力机关对行政许可机关及其工作人员的监督措施包括质询、调查、执法检查及处理公民的申诉和控告。监察机关对许可机关及其工作人员的监督措施包括作出政务处分、问责、调查、提出监察建议等。司法机关对许可机关及其工作人员的监督主要通过判决撤销或变更、不执行和不予适用等方式开展。上级行政机关或审计部门对许可机关及其工作人员的监督是一种常态监督，其监督手段主要包括责令改正、行政处分、责令退还非法收取的费用及追缴等。同前面所述 4 类监管手段相比较，社会公众监督并不具有法律效力，但却是最广泛的。根据《宪法》及《行政许可法》等法律规定，对于行政机关及其工作人员的违法行为，公民、法人或其他组织有权提出申诉、控告及检举。

结合上述对准入与监管两者之间关系及我国行政许可法中关于许可与许可后监管相关规定的分析，我国在土地流转的管理过程中必须高度重视政府监管作用的发挥，实行准入与监管并重，以准入制度消除土地流转"市场失灵"现象，以监管保障土地流转市场准入制度功能的正常发挥，共同促进土地流转的健康、有序发展，提升土地承包经营权流转质量，推动农业的规模化经营。

第三章 国外农村土地流转准入与监管制度研究

　　日本和韩国历史上都属于东亚农业文明区域，在政治、经济、文化等方面与我国具有很高的相似性。第二次世界大战后，日本和韩国，在工业化过程中逐渐实现了农业现代化。它们在实现农业现代化过程中面临与我国当下农业发展过程中大致相同的困境：首先，工业化及城市化进程加快，农村劳动力数量减少；其次，人多地少，粮食自给率下降，农产品进口持续增加；最后，耕地数量减少，部分耕地被闲置抛荒或转为工商业用途。面对农业发展过程中人、地、粮紧张的状况，日本和韩国以农业规模化经营为突破口，推动了农业现代化的实现。在实行农业现代化过程中，为适应农业经营主体由传统的农民或农户向现代化经营主体的转变，政府在制度建设方面以建立农地流转准入与监管制度为重点，保证了现代化经营主体具备农业规模化发展所需要的农业经营能力，规范了农地流转行为，避免了农地流转过程中的不合理、违法利用耕地等问题的出现。

　　本章主要分析日本和韩国在农村土地流转准入与监管方面的具体内容及经验，以便为我国引导、规范土地承包经营权流转提供启发与思路。①

第一节　日本

日本土地私有制度确立于明治维新时期。第二次世界大战以前，在日本，地主土地所有制在农地法律中处于基础地位，地主对农地的权利并未受到限制，也未实行农地权利管制。这一时期，农地法律制度的主要内容为调整地主与耕作者之间的"佃耕关系"。第二次世界大战期间，为确保食品供应及维持农业生产力增长，日本制定了《农地调整法》等一系列"战时农地立法"。这些法律对农地的权利转移与废弃及佃租等采取了相应的管制措施，保障了佃农的耕作权，维持了农业的稳定经营。这些法律虽然是战时立法，但也是现代日本农地法律的重要起源。

第二次世界大战后，日本开始民主化改革，也掀起了农地改革。日本政府从地主手里取得土地，然后再出售给佃农，实施"自耕农主义"。农业经营、农业劳动、农地所有"三位一体"的自耕农，构成了农户的主体。可以说，在第二次世界大战后的一段时期内，农地改

---

① 日本和韩国法律中的"农地"与我国法律中的"农村土地"内涵和外延基本一致，为比较分析的准确性及严谨性，本部分论述中并未对日本和韩国法律中的"农地"等法律概念进行表述转换。同时，不同于我国土地流转仅指农村土地经营权的流转，日本和韩国实行土地私有制，其农地流转不仅包括所有权流转，还包括土地使用权等以使用收益为目的的其他权利的流转。农地流转准入制度关注的重点在于准入主体资格及流转后土地的合理、有效利用，与土地的所有权性质联系并不紧密。因此，笔者认为建立在不同土地所有制基础上的土地流转准入与监管制度的比较分析，对我国土地承包经营权流转制度完善具有重要的借鉴价值。

革和《农地法》的制定，促进了耕地在农民之间的平均分配，适应了当时的农业经济发展的需要。随着日本进入经济的快速发展阶段，农村劳动力大量向城市转移，促进了农地的所有权在农户之间的转移，实现农地的规模化经营成为日本农地法律发展的重要方向。1962年，日本《农地法》修改，农业生产法人制度产生；同年，《农协法》设置了由农民组成的协作组织性质的农事合作法人制度。可以说，至此，现代意义上的日本农业人的主体基本形成。与此同时，围绕着农地利用及农业主体管制，日本政府对《农地法》进行多次修改，颁布了《农业经营基础强化促进法》《农业振兴地域建设法》等相关法律，逐渐形成了系统的农地管制制度。本节主要围绕农民、农业生产法人及农事合作社法人取得或流转土地的资格要求及对其农地利用行为的相应监管，对日本农地流转准入与监管制度相应内容进行分析。

一、农业生产法人制度

在第二次世界大战后日本的农地改革中，农地制度的出发点是培育自耕农，对于法人取得农地权利是持否定态度的，对于法人不正当目的的自耕实行强制没收。1962年《农地法》修改，农业生产法人制度正式确立。但是此时农业生产法人遵循《农业基本法》第七条促进协作经营的要求——"农村从业人员相互提供农地的权利或劳动力，协作经营农业"，坚持"农业经营、农业劳动、农地所有"的自耕农主义原则。虽然农业生产法人可以取得或承租农地，但是此时其设立受到严格限制，可以说，设立条件是对自耕农要求的复制。农业生产法人设立条件包括：第一，法人形态为有限责任公司形式；第二，法人营业范围为农业及附带产业；第三，法人成员仅限于农地权利的提供者及长期从事农业经营者；第四，租赁农地面积不到超过经营面积的二分之一；第五，农业从业人员须具备二分之一以上的投票权；第六，在法人所需劳动力中，成员以外劳动力不得超过总数的二分之一；第七，利润分红应结合法人事业发展情况。[①] 通过最初的农业生产法人设立条件可以看出，从本质上讲，其是农民从事农业生产的协作组织。

其后，《农地法》经过 1970 年、1980 年、1993 年、2000 年、2009 年共计 5 次修改，农业生产法人成立要件得到大幅度放宽。经历了 20 世纪 60 年代经济的持续高速增长，日本工业化及城市化进程加速，带来农业经济社会结构的剧烈变化，农地废弃及用于工商业现象增多。为适应经济社会的变化，日本对相关农业法律进行修改制定。1970 年，对《农地法》进行大幅度修改，修改的最大变化"是将'寻求土地于农业上的有效利用'写入立法目的"[②]。同时，《农地法》也对农业生产法人成立要件进行修改，将 1962 年《农地法》农业生产法人设立条件中的第四至第七删除，要求高级业务执行职员须为农地权利提供者且长期从事农业生产经营活动。通过这次修改，农业生产法人制度完成了由"自耕农主义"向"耕作者主义"的转换。1980 年《农地法》修改，改变了董事任职条件，仅要求长期从事农业生产者须过半。这一变化，在实际上放宽了农业生产法人的成立条件，有利于实现农业生产法人经营的专业化，淡化其"合作社"性质

---

① ［日］关谷俊作：《日本的农地制度》，金洪云译，生活·读书·新知三联书店 2004 年版，第 82 页。

② 伦海波：《日本农业生产法人制度研究》，《农业经济问题》2013 年第 3 期。

色彩。进入 20 世纪 90 年代以后，为应对经济全球化，提供本国农产品竞争力，"日本进入依靠培育骨干农民和'农业经营体'推进规模经营的阶段"①。1993 年，日本将《农地利用促进法》修改为《农业经营基础强化促进法》，实行认定农业者制度。同年《农地法》进行修改，放松管制，扩大了农业事业范围及成员范围：将相关产业纳入事业内容；将农地保有合理化法人、农协及接受法人所提供的物质或职务的个人等纳入法人成员构成范围。2000 年，《农地法》的修改使管制进一步缓和。法人形态增加了经董事会批准股份可转让的股份公司；事业内容修改为以农业为主，包括相关事业在内；构成成员主体增加了地方公共团体；对高级业务执行职员长期从事农业生产的要求放宽为从事一定日数的农业生产。虽然包括农业生产法人成立要件在内的土地流转限制在逐步放宽，但是并不能有效缓解日本国内农业后继无人及抛荒增加的局面，日本政府重新审视现行农地政策。2005年，日本政府在《农业经营基础强化促进法》框架下设定"特定法人农地租赁制度"，允许非农业生产法人租赁农地从事农业生产。2009年，《农地法》再次修改，对企业租赁农地参与农业等行为实行"原则自由化"②，对农业生产法人的成员要件也进一步放松。2015 年，日本《农地法》又进行修改，其中对农业生产法人制度进行了进一步的发展和完善。根据修改后的日本《农地法》规定，"农业生产法人"名称改变为"农地所有适格法人"，其构成要件包括以下 4 个方面：

---

① 高强、孔祥智：《日本农地制度改革背景、进程及手段的述评》，《现代日本经济》2013 年第 2 期。

② 高强、赵海：《日本农业经营体系构建及对我国的启示》，《现代日本经济》2015 年第 3 期。

第一，法人形式要件，即必须为股份公司（限于有股份转让限制的非公开公司）、控股公司，或农事合作社法人。根据日本《公司法》规定，农地所有适格法人与一般法人成立程序一样。第二，法人经营要件，即法人的主要经营范围为农业领域（包括销售和加工等）。第三，法人构成成员要件：（1）与农业相关：全职员工、提供农业用地的个人、地方政府、农业合作社等的投票权超过总投票权的二分之一。（2）与农业无关的成员：可持有的表决权数量低于总表决权的二分之一。第四，法人职员从业要件：（1）法人职员范围包括董事、业务执行职员、理事。（2）超过半数的职员是常年从事农业（包括销售、加工等）的成员，且原则上要求每年不低于 150 日。（3）至少一名职员或重要雇员（农场经理等）从事农业工作，且原则上要求每年不低于 60 日。[①]

通过对日本农业生产法人制度产生及变革历程的分析，我们发现，农业生产法人制度其实是沿袭一条从限制到放宽、从自耕农主义向耕作者主义、从强调公平到重视效率的轨迹向前不断完善和发展的。农业生产法人制度是一种重要的农业经营制度的创新，虽然其最初的目的在于农户农业经营的联合，"自耕农主义"色彩浓厚，但是，随着其制度的不断完善，逐渐成为农业规模化经营的主要途径。农业生产法人制度的创新性表现在：第一，在实行严格农地管制的情况下，为工商资本取得土地从事农业生产经营进行了制度安排；第二，将"农业经营能力"要求内化为公司制度安排；第三，通过对营业范围等方面的制度安排，避免了工商资本进入农业生产领域后的非农非粮化现象。同传统农户相比，农业生产法人一方面促进了农地所有权

---

① 此部分内容主要参考日本《农业用地法》第六条、《农业合作社法》第六章"农业协会法人"。

和经营权的分离，实现农业生产经营的专业化、集约化；另一方面通过经营者的联合，组成新的农业经营主体，提供农业经营的规模化和组织化。经过半个世纪的发展，农业生产法人已经成为日本农业经营主体中的一支重要力量，有力地推动了日本农业经营的产业化、规模化，并且还对韩国的农业公司制度建立产生了一定的影响。

二、农事合作社法人制度

在农业生产法人产生的同时，1962 年日本《农业协同组合法》设置了由农民组成的协作组织或具有协作经营组织性质的农事合作社法人制度。[①] 农事合作社法人制度的特点在于将农户"组织"起来从事农业生产，其目的在于促进农民的协作经营。从这一点也可以看出，农事合作社法人与同时期产生的农业生产法人是不同的。根据事业规定的不同，农事合作社法人可以分为 3 种类型：第一种，利用农业生产设施为农业生产经营提供服务的农事合作社法人，又称 1 号法人；第二种，从事农业的共同经营的农事合作社法人，又称 2 号法人；第三种，同时从事农业生产设施提供服务及农业生产经营的农事合作社法人，又称 1 号及 2 号法人。[②] 通过分析可知，农事合作社法人不仅具有协作组织的性质，同时其还可以获取农地从事农业生产经营，是农业生产经营主体的另一个重要组成部分。农事合作社法人不同于农业生产法人，但是，如

---

① ［日］关谷俊作：《日本的农地制度》，金洪云译，生活·读书·新知三联书店 2004 年版，第 87 页。

② 樊雅頔：《日本农事组合法人农业生产模式对我国农业一体化发展的启示——以千叶县和乡园为例》，《新疆农垦经济》2013 年第 3 期。

其在法人成员构成、高级职员构成等方面能够满足《农地法》关于农业生产法人成立要件的情况下，也可以成为农业生产法人。鉴于农事合作社法人与农业生产法人之间的区别，本书中，把二者分开分析论述。①

根据 1962 年《农业协同组合法》规定，农事合作社法人是农民互助协同组织，其参加者必须为农民，数量须 3 人以上，非农民无资格参加，实行有限制责任等。1970 年《农业协同组合法》修改，对于 2 号农事合作社法人，从事农业经营的非会员及其家庭成员人员比例由五分之一以内增加至二分之一以内；对非农民会员及会员资格的继承人在会员总数三分之一以内视为农民。1992 年《农业协同组合法》修改，对非会员的从事农业经营人员的比例放宽至三分之二以内。1993 年《农业经营基础强化促进法》实施，农事合作社法人进行了几乎与农业生产法人成立要件一样的修改：2 号农事合作社法人经营范围增加了"相关事业"；农事合作社会员范围扩大至农协、农业经济联合会、农业保有合理化法人等；新增会员与继承方式获取资格的会员总数不得超过会员总数的三分之一。

通过农事合作社法人制度的多次修改，现行农事合作社法人制度的主要内容如下。第一，经营范围。1 号农事合作社法人的营业范围基本未变化，主要是建立与农业共享设施有关的业务（包括运输、加工或存储会员使用这些设施生产的商品的业务）或农业经营活动的协同化，但会员以外主体对 1 号农事合作社营业服务利用量不得超过该营业年度成员业务使用总金额的五分之一。2 号农事合作社法人经营范围主要是农业管理（包括根据农业、林业和渔业部的条例规定，以

---

① 国内部分学者在研究农业生产法人的时候，直接把农事合作社法人纳入农业生产法人范畴内，这种研究思路并未注意到农业生产法人与农事合作社法人之间的显著区别。

农产品和畜牧产品为原料或加工的与农业有关的业务，以及与农业结合进行的林业管理），经常从事此类业务的非会员人的人员数量不得超过其经常性经营人员人数的三分之二。第二，会员资格。农事合作社法人会员须为农民，会员各有一票表决权。对于 2 号农事合作社法人，除农民外，农协及联合会、农地保有合理化法人、从 2 号法人获得与该业务有关的商品或服务供应的人，或为促进该业务作出贡献的人都具有成为会员的资格。同时，2 号法人的会员失去农民资格或死亡时，会员资格具有可继承性、延续性，但其会员数控制在会员总数的三分之一以内。第三，管理人员。农事合作社法人的理事必须是具有农民身份的会员。第四，农事合作社法人须有 3 名以上农民成为发起人，并按照法律要求及程序向行政机关履行法人注册手续。①

通过以上对农事合作社法人制度内容的变更分析可知，相比农业生产法人而言，农事合作社法人的农民协作性更强，其经营范围不仅包括获取土地从事农业生产，还包括农业生产的社会化服务提供。在农事合作社法人范围内，农民之间的协作范围更广泛，贯彻农业生产全过程。法人成员资格的封闭性在本质上决定了农事合作社法人的农民生产协作特性，避免了非农主体进入农业生产领域。可以说，农事合作社法人制度也是对"耕作者主义"的贯彻和落实。合作社为农民农业生产提供一条龙服务，农户的生产资料购买及农产品销售的90%通过农协实现。日本《农业构造动态调查》数据显示，2014 年，日本农业经营主体中具有法人资格的共计 1.89 万个，其中农事合作社法人为 0.49 万个，占总数的 25.9%。

---

① 此部分内容主要参考日本《农业合作社法》第三章"农业协会法人"第七十二条第四款至第七十三条。

三、农地管制制度

1938 年，日本《农地调整法》最先对农地利用管制进行规定，但是其主要目的在于调整地主与耕作者之间"佃耕关系"。第二次世界大战后，日本进行农地改革，对《农地调整法》进行了修改，修改内容主要涉及农地权利的转移及农地租赁合同拒绝变更及限制解除等事项。1952 年，《农地调整法》被新颁布的《农地法》全面取代。《农地法》"中心议题是对农地实行管制"[①]，目的是保障耕作者的权利，促进耕地的有效利用，发展农业生产力。半个多世纪以来的日本农地制度改革也是日本农地管制放松的历程。日本农地权利管制主要包括 4 个方面："一是农地权利转移的许可制；二是农地转为非农用地的许可制；三是租赁合同节约的限制；四是租种地的所有限制。"[②]虽然 2009 年日本修改《农地法》，对企业租赁土地开展农业生产经营"原则自由化"，但是农地管制制度在日本土地利用活动中仍然发挥着举足轻重的作用，规范着农地权利的转移及农地农用行为。本部分中，笔者主要分析对日本农地流转准入与监管起着重要作用的农地权利转移审批制度与农地转用审批制度。

（一）农地权利转移审批制度

虽然近年来日本逐渐放宽土地管制条件，推动农地流转，但是法律还是明确禁止非农业生产类法人购买农村土地。日本农地法实行

---

① 汪先平：《当代日本农村土地制度变迁及其启示》，《中国农村经济》2008 年第 10 期。

② 高强、[日] 高桥五郎：《日本农地制度改革及对我国的启示》，《调研世界》2012 年第 5 期。

"耕作者主义"，耕作者，是指"自己从事农业经营且自己实际从事农业活动的人"。[①] 在日本农地流转过程中，贯彻"耕作者主义"且发挥着重要流转准入作用的制度是农地权利转移审批制度。日本农地权利转移审批制度始于1941年《临时农地管理令》，后经《农地法》继承并逐步完善。可以说，农地权利转移审批制度本质上就是关于主体取得农地权利的资格要求。

日本《农地法》第三条规定，农地权利转移实行审批制。需要审批的农地权利转移不仅包括所有权的转移，还包括使用权、租借权等其他以使用收益为目的的权利的设定或转移。农地权利的转移需要经过当地农业委员会审批，未审批或未通过审批的，权利转移无效。需要说明的是，农地权利转移审批的对象是权利转移或设定本身，而不是权利转移或设定合同。同时，农地权利转移免于审批的情况极其有限，仅包括政府的进行土地出售、土地征用及遗产分割等情况。

农地权利转移审批共有5个方面的要求，主要是关于权利取得者及农地利用方面的要求，以确保"耕作者"取得农地并有效利用。第一，能够确定权利取得者或其家庭成员，在取得权利后将有效利用所有农田。第二，法人的权利取得，仅限于农地所有适格法人，非农业生产的法人权利取得要以耕作为目的，这种情况下第三项和第四项的要求则免予适用，部分情况下第五项要求也免予适用。第三，个人取得权利时，获得权利的人或其家庭成员应始终从事农业生产工作，原则上从事农业生产工作的天数每年150天以上。第四，权利取得者及家庭成员在取得权利后，其用于农业的农地面积，在北海道要在2公顷以上，在都府

---

① 齐锦辉：《日本农地流转法律规制及其启示——以许可制为中心》，载齐延平主编：《人权研究（第13卷）》，山东人民出版社2014年版，第214—226页。

县要在 50 公顷以上，但政令规定特殊情况除外。第五，对农田的高效、综合利用没有障碍，能够确定其有效利用土地进行农业经营。①

通过上述农地权利转移审批要件的分析，我们可以发现，其中最重要的要求为"经常性地从事必要的农业生产"。它发挥了农地分配基准作用，彻底地排除了不从事农业生产活动的人取得农地的机会和权利，是"耕作者主义"的集中体现。

（二）农地转用审批制度

同农地权利转移审批制度一样，农地转用审批制度也来源于 1941 年《临时农地管理令》，《农地法》继承并逐步完善。根据《农地法》第四、五条规定，农地转变用途实行审批。农地转换用途或以农地转用目的进行的所有权、其他以使用收益为目的的权利转移或设定，需经过农林大臣或都道府县知事审批，其中转用农地面积超过 4 公顷或涉及以转用为目的的权利转移的情况，由农林大臣审批；其他情况，则由都道府县知事审批。

农地转用审批条件分为两类：一般条件与具体条件。一般条件包括：第一，不存在法定不予审批事由，且可确保农地转用目的的实现；第二，农地转用后不存在影响周边农地及农业生产经营的可能；第三，临时农地转用结束后，采取适当措施可以恢复原状。农地审批具体条件依据农地自身生产条件及周边城市化状况不同而分类设定。根据农地的具体产生经营条件及周边城市化状况，将农地依次分为农业振兴区农地、甲类农地、第一类农地、第二类农地和第三类农地共计

---

① 此部分内容主要参考日本《农业农地法》第二章"权利转移与流动限制"等。

五等级。农地振兴区域内农地转用原则上不予审批，但法定情况例外。甲类农地条件包括在城市化调整区域内、农业公共投资后8年内的农田和在集体农田中使用高性能机器进行农业的农田，该类农地转用原则上不予审批，但土地征用认证业务、农业设施、土石和其他资源采集等公益设施或农业设施用地例外。第一类农地条件包括集体农田（10公顷以上）、农业公共投资目标农田和高生产力农田，该类农地转用原则上不予审批，转用审批例外情况与甲类农地转用审批例外情况相同。第二类农地条件包括农业公共投资范围不大的、小团体生产力低下的农田、可能发展为市区的区域内的农田。在第三类农田中难以选址时，可以对第二类农地进行转用审批。第三类农地条件包括城市维护区域内的农田、市区内的农田，原则上允许对其进行转用审批。①

通过以上农地转用审批条件分析可知，日本对农地用途实行严格管制，严禁擅自改变农地用途。日本在农地用途管制过程中，根据农地自身生产条件及城市化具体情况的不同，实行有区别的审批标准。这样的农地转用审批制度既保护了耕地，也适应了城市化进程的需要。

四、农地流转附随法律义务

传统的农业生产往往以家庭为单位，农户之间依据一定的生产生活关系形成特定的村落或社区。传统农业及农村的这个特性决定了农业生产主体范围的封闭性及农村社区的稳定性。为服务于共同的生产

---

① 此部分内容主要参考日本《农业农地法》第二章"权利转移与流动限制"等。

与生活，农村社区内部会供给一定的公共产品，如公共道路、农田水利设施及村规民约等。农民具有公共产品的提供者与享有者双重身份。工商企业参与土地流转打破了农业经营主体范围的封闭性，进而会对依赖其而存在的传统农村社区的稳定性及公共产品的供给产生一定的冲击和影响。企业租赁土地从事农业生产经营不可避免地涉及农村公共设施的使用、维护，影响到农民的生产经营活动。对此，日本《农地法》"要求购买或租赁农地者应有效利用土地、农机、劳动力等农业资源，提前做好计划；要求从事农业生产的企业参加村庄的农田道路维护和水利设施建设，遵守农用路的使用等当地规则；不能影响周边农户的正常农业生产活动，与周边农民保持和谐等"[①]。出现抛荒、毁损等不合理农地利用行为时，农地出租户可以单方面解除合同，收回出租农地。附随法律义务在一定程度上是一种农村集体成员义务，从法律层面确定了企业与农村社区的权利义务关系。附随法律义务的设定有利于企业融入农村社区，维护农村社会稳定。

第二节　韩国

截至 2008 年底，韩国农地面积为 175.9 万公顷，占国土总面积的 17.6%，人均耕地面积仅为 0.04 公顷，粮食自给率仅为 27.8%。人多地少的特殊国情，决定了韩国农地政策的基本方向。韩国《宪法》确立了"耕者有其田"的原则，保证农地掌握在从事农业生产

---

① 张云华：《日本对工商企业进入农业的政策限制与启示》，《农民日报》2015 年 3 月 28 日。

经营者手中。可以说，从第二次世界大战结束后，韩国农地制度一直坚持"耕者有其田"的原则，只是在不同的发展阶段，此原则的适用形式及外在客观条件不同。在这一点上，日本、韩国两国的农业现代化过程具有高度相似性，发展历程及很多法律制度具有一定的相似性。

第二次世界大战结束后，韩国于 1949 年颁布《农地改革法》，1950 年实行全国农地改革。农地改革的目的是终结日本殖民时代的"地主—佃农"佃耕制度，建立自耕农制度，实行农民土地所有制。根据《农地改革法》规定，每农户持有农地面积不得超过 3 公顷。整个 20 世纪 50 年代，韩国一直在进行农地改革并逐渐确立了自耕农制度。进入 20 世纪 60 年代，随着韩国工业化的推进，农业劳动力数量减少，土地废弃或转用工商业用途大量增加，自耕农制度已经难以适应社会经济发展需要，鼓励农地流转，扩大农业经营规模及严格限制农地用途转变成为当时农业政策及法律的新课题。进入 20 世纪 80 年代以来，随着经济全球化进程的加快，为提升本国农业竞争力，放宽土地流转条件，实现农业的产业化发展成为韩国农业法律的新方向。韩国农地法律产生、发展和完善其实是以韩国农地的"先分后合"为线索，经过半个多世纪的发展逐步形成了以《农地法》为核心，包括众多法律法规的农地法律体系。在韩国农地的"先分后合"过程中，发挥关键作用的是农地流转法律制度。可以说，农地流转法律制度是农业现代化的制度保障。在本节中，笔者主要分析对韩国农地流转发挥重要保障作用的流转准入与监管制度，其主要包括农地取得资格证明制度、农业经营资格制度、农地转用审批制度及农地拥有面积限制等内容。

一、农地取得资格证明制度

面对人多地少的国情，如何保证有限农地被有效利用，历来是韩国农地法律的重要目标。韩国的《宪法》及《农地法》规定："农地不能由任何人拥有，除非个人将土地用于自己的农业经营。"20 世纪 50 年代农地改革后，自耕农成为韩国农地的最主要拥有者。随着韩国由农业社会步入工业化及城市化，农村劳动力大量减少，一方面，面临无人种地的局面；另一方面，拥有农地的非农业人口大量增加。[①]这些情况的出现使得"耕者有其田"的原则难以维系。随着农业经营环境的变化，原来韩国政府为实现农业的稳定经营而设置的耕地转移限制逐渐放宽。为了推动农地的流转，促进农业生产力的发展，农地流转中的耕种距离限制、居住地限制及所有权偿还限制等被废除，设立了农地取得资格证明制度，降低了农地获取门槛。

韩国《农地法》第六条规定："农地不能被非农业耕种和非农业经营的个人占有，农地拥有权仅限于农民和农业企业。"[②]《农地法》规定农地取得的资格为"农地取得资格证明"，并对其申请及许可的相关事宜进行了具体规定。《农地法》规定，除因农业组织合并取得、继承取得及共有农地分割取得等 7 种情况获取土地外，任何人想获得农地，需要从具有农地管辖权的市、区、邑或面行政首长获得农地取得资格证明。农地取得资格证明申请人需要按照法律要求制定农业经营

[①] 农地的荒废及继承使农地开始被非自耕农所拥有，如自耕农去世后，其农地被生活于城市的子女或其他继承人所拥有。城市化加剧了农地被非农业人口占有的情况。

[②] 韩国《农地法》第六条（2）—（3）对农地被非农业耕种和非农业经营个人占有的 17 种情况进行了明确规定。

计划，并向具有农地管辖权的市、区、邑或面行政首长提交申请。农地经营计划内容包括被获取农地的区域、被获取农地经营所需的劳动力、农业机械设备及设施保障计划、已拥有农地利用情况（此项仅适用于已拥有农地的个人）。获取农地后，农地取得人须持农地取得资格证明进行农地所有权登记。同时，《农地法》采取"产权处置令"和"强制执行令"对取得农地后未按约定目的实施的农地进行强制处理。[①]

二、农业经营主体资格制度

在韩国工业化及城市化过程中，农户及农村劳动力出现了两方面的变化：一方面，农户及农村劳动力数量大量减少。根据历年《韩国农林主要统计》数据显示[②]，农村人口由 1975 年的 1791 万人减少到 2010 年的 875.3 万人，占全国人口比例从 50.8% 下降到 18.0%。农户（包括家庭农场）总数明显减少，由 1975 年的 237.9 万户减少到 2010 年的 117.7 万户。另一方面，农业人口老龄化。据韩国国家统计局的农业统计数据显示，2010 年韩国 65 周岁以上的农业人口为 100 万，占农业总人口的 34.0%。农村劳动力的减少让大量农场缺乏接班人，据韩国农业部 2005 年的数据显示，在全部农场中，有接班人的农户比重仅为 3.6%。放宽农业准入，培养职业农民及新型农业经营主体是韩国政府为应对农业经营人口老龄化、培养农业后继经营人才的重要措施。

---

① 此部分内容主要参考韩国《农地法》(2012 年修订) 第六、八、十、十一条相关内容。

② 潘伟光、徐晖、[韩] 郑靖吉：《韩国农业现代化进程中农业经营主体的发展及启示》，《世界农业》2013 年第 9 期。

根据韩国法律，农地买卖主体主要限于农业人（又称"农民"）和农业公司，法律规定特殊性除外。虽然韩国农协（农业合作社）在农业发展中发挥着重要作用，但是其经营范围与日本具有差异性，韩国农村合作社主要从事银行经营、生产资料供应及产品营销等业务，并不能取得土地从事农业生产经营。韩国《农地法》《促进与支持农渔业事业法》《农业农村基本法》等法律对农业经营主体资格进行了具体规定。

（一）农业人

韩国农地改革后，农民就被界定为拥有自己土地的人，即"自耕农"，由此在《宪法》中确立了"耕者有其田"的原则。1990 年，"农业人（农业经营者）"用来替代农村发展特别法中的"农民"这一传统词汇。① 传统词汇中的"农民"带有封建社会色彩，具有身份属性并非指特定职业。现代意义上的"农民"是一种职业，而非身份。在韩国，农民是指满足法律规定标准要求，管理或经营农业的人。1998 年的韩国《农业农村基本法》规定，成为农业人必须满足下列条件之一：第一，经营或耕种 1000 平方米以上农地的个人；第二，每年卖掉超过 100 万韩元农产品的农场管理者；第三，每年从事农业活动 90 天以上的人。只要符合上述 3 个条件中的一个，其就成为韩国法律意义上的农民。

（二）农业公司

韩国农业经营主体中的另外一支重要力量是农业公司。可以说，

---

① ［韩］韩国农村经济研究院：《韩国三农》，潘伟光、［韩］郑靖吉译，中国农业出版社 2014 年版，第 28 页。

韩国农业结构调整及农业现代化的关键是培育新型农业经营主体，特别是农业公司。1949 年的韩国《农地改革法》确立"自耕农"制度，实行农民土地所有制，企业是不允许拥有农地的。为了应对农业劳动力的减少、老龄化及农场数量的减少，20 世纪 80 年代，韩国开始允许农业组织收购农地。1994 年制定的《农地法》取消了对农地的取得、出租限制，允许建立农业公司并拥有农地所有权。2003 年制定的《促进与支持农渔业事业法》规定，为进行农业管理或代理农民从事农业经营，可以根据法律规定成立农业公司。农业公司成立要件包括：第一，主体要件：成立主体必须是农民或农业生产者组织，除此以外的主体可以投资农业公司，但是投资比例或数量必须遵守法律规定；第二，管理人员要件：农业公司中具有经营管理权的人员中农业人所占比例不低于三分之一。此外，农业公司成立还需符合《商业法》中关于公司成立和管理的相关规定。法律许可农业公司取得农地所有权，有力地推动了韩国农业的产业化和规模化。20 世纪 90 年代以来，在家庭农场和农业合作社数量不断下降的背景下，农业和渔业公司发展迅速，从 2001 年的 6050 家发展到 2011 年的 11694 家[①]，适应了农业规模化、现代化经营需要。农业企业已经成为韩国农业经营主体中的一支重要力量。

另外，农业合作社在韩国农业发展中发挥着重要的作用，但其与日本农事合作社法人又有所区别。在此，笔者对其与日本农事合作社法人之间的区别作出简单分析。日本农事合作社既可以从事农业经营服务（1 号法人），也可以从事农业生产经营（2 号法人）。可

----

① 潘伟光、徐晖、[韩] 郑靖吉：《韩国农业现代化进程中农业经营主体的发展及启示》，《世界农业》2013 年第 9 期。

以说，韩国的农业合作社更类似于日本的1号法人。在韩国，农业合作社分为地区性农业合作社和农产品专业合作社。地区性合作社分为初级合作社和区域性合作社。初级合作社，属于综合性合作社，其业务范围主要是服务于农民的生产生活，包括信贷业务、供销、加工、零售、农场设备、教育和培训业务。初级合作社的建立目的在于追求农业生产的互助合作经营。区域性合作社主要业务是提供信贷服务，并不涉及供销服务。而专业合作社经营范围主要是服务于特色农产品农户的供销活动。在韩国，农业合作社本质上是"生产者协同组织"①，其业务开展以服务农业生产经营为中心，促进了农业生产各环节的协同联合，降低了农业的生产成本，提高了农业竞争力，推动了农业的规模化和产业化。在这一点上，日本和韩国农业合作社的作用是相同的。

三、设定农地流转面积及期限限制

韩国1949年的《农地改革法》消灭了封建地主土地所有制，确立了自耕农制度，将农户所拥有农地面积严格限制在3公顷以内。后来，随着韩国工业化进程的推进，逐步对土地流转面积上限进行调整，以适应农业经济发展的需要。20世纪70年代，随着韩国工业化的逐步完成，农村劳动力减少，政府松绑了农地的使用与变更限制，将农地所有权限制从3公顷提高到10公顷。"1994年《农地基本法》实际上废除了1949年的《土地改革法》规定的农户最大土地拥有量

---

① 金元景等：《韩国〈协同组合基本法〉在农业农村的适用方案研究》，《农业经济与管理》2014年第3期。

为 3 公顷的限制。"①《农地基本法》将在农业振兴区内，每农户拥有土地面积上限由 10 公顷提到 20 公顷；农业振兴区外，每农户拥有土地面积上限为 3 公顷，必要时可增加到 5 公顷。随着农业规模化发展的需要，1999 年此 20 公顷的上限规定也被废除，同时农业振兴区外农地的每农户土地拥有面积上限也调整至 5 公顷。至 2002 年，农地拥有面积限制最终被废除。② 可以说，韩国农地法律中关于农地拥有面积上限制定的依据是韩国工业化及农业经济发展的具体情况，很好地平衡了农村劳动力就业与农业规模化经营两者之间的关系。同时，对于非农业拥有土地面积也进行了严格限制，《农地法》第七条（3）规定：从事周末、体验农业者，只能拥有不超过 1000 平方米的农地，并且此种情况下，面积的计算以一个家庭所拥有的总面积来计算。

此外，引入工商企业进入农业生产领域以实现农业的产业调整及规模化经营，还面临企业的短期土地投机行为。对此，韩国《农地法》规定农地出租期限不得低于 3 年。③ 这一规定从制度上对土地流转程中的企业投机行为进行了制约，引导企业合理利用土地，长期从事农业生产经营。

四、农地转用审批制度

韩国坚持农地农用，农地转用需要获得农林部长及其授权的地

---

① 张忠根：《韩国农业政策的演变及其对我国的启示》，《农业经济》2002 年第 4 期。

② Jeongbin Im, "Farmland Policies of Korea", 2013 年 8 月 6 日，见 https://ap.fftc.org.tw/article/511。

③ 韩国《农地法》第二十四条（2）规定：除存在法律规定的情有可原的事由外，如疾病、强制征召，土地出租期限不得低于 3 年；未设定土地出租期限或期限不满 3 年的，一律视为 3 年。

方行政机关首长的同意；同时，还需要交纳农田保护费用。根据韩国《农地法》及相关法律规定，不仅农地改变为非农业用途需要经过批准，而且农地转为农业设施及农村公共设施用地的也要经过批准：(1) 农民房产、渔民房产、农畜设施、农产品及渔产品的加工及运销设施；(2) 农民社区生活的便利设施，包括儿童活动场所及乡村礼堂；(3) 与农渔业相关的研究设施及包括渔场、鱼种场在内的渔业设施。为服务农业生产，《农地法》还建立了临时农地转用审批制度。临时农地转用是指将农地临时性地用于非农业事项，非农事项完成后，农地要被恢复原状。农地临时转用需要获得市、郡及区行政首长的许可，并要提交农地恢复计划及保证金。临时农地转用范围包括农渔业、牲畜养殖简单设施建设，农渔业产品简单处理设施建设、田间农舍及附属设施建设、挖掘土石及矿石堆放等。为筹集农地开垦费用以及弥补农地转用导致的农地减少，农地转用被审批人需要交纳与转用农地规模相适应的农地保护费用，农地保护费用可以一次性或分期交纳并被纳入农地管理基金。

同时，韩国《农地法》对农地转用审批的取消条件（包括临时农地转用审批）还作出了具体规定：(1) 证实通过诈骗或其他非法手段获得批准书或报告者；(2) 违反目的或任何许可条件者；(3) 在无批准或报告的情况下修改工程计划或工程范围者；(4) 在没有总统法令所规定的正当理由的情况下，包括与农田用途转变计划工程相关的工程计划的修改，获得批准并提交报告后至少两年未开始执行农田转变用途计划工程，包括建筑地址的创建、设施建设等，或在着手工程后将建筑工程延期至少一年者；(5) 未交纳农田保护费用者；(6) 已获得批准或已提交报告但申请取消批准或撤销报告者；(7) 获得批准，但违反本条主要内容规定的包括相关建筑工程延期等在内的必要措施命令者。结合当事人违法农地转用法律法规的具体情况，除了取消农地转用审批外，农林部长及其授权的地方行政机关首长还可以采取命令相关建筑工程延期、工程执行延期、交易范围缩小、工程计划修改等农林部门法律规定的必要措施。

此外，韩国《农地法》还对农地转用审批作出禁止性及限制性规定。转用农地不得被使用于下列事项：《清洁空气保护法》所规定的空气污染设施建设、《水质量及生态系统保护法》所规定的废水排放设施建设及根据相关法律规定可能影响农地保护的相关设施建设。农林部长，市、郡及区行政首长在作出农地转用及临时农地转用审批的过程中，下列情况下可以对农地转用进行限制：（1）由于所处区域农业生产基础设施已被重整或将要重整，即将转变用途的农田需被如高级农田一样保护；（2）相关农田的用途转变或其他目的的临时利用严重阻挡了阳光、通风及连片耕种或导致农田优化设施的变动，由此非常影响周围地区农田的农业管理活动；（3）相关农田的用途转变或其他目的的临时利用可能损害周围地区农田或农田优化设施，包括洒落土壤等；（4）实现用途转移目标的工程计划及基金计划不明确；（5）即将转变用途的农田面积过度大于可实现转移目标的面积。

五、农地流转法律责任

根据韩国《农地法》，农林部长或市、郡及区行政首长可以依法暂停或取消农地转用许可或临时转用许可。当发生下列情况时，农地转用许可或临时转用许可应该被取消：通过欺诈等非法方式取得许可、违反许可目的及相关条件、擅自修改已批准项目计划或范围、取得许可后超过两年项目未开工或开工后未有合适理由擅自停工超过一年的、未缴纳农地保护费、被许可人申请取消许可的。①

韩国《农地法》还对农地修复作出规定。当事人有下列行为时，农林部长或市、郡及区行政首长可以要求其在一定期限内对农地恢复原状：擅自改变农地转用目的用途、未提出转用报告而进行农地转用、农地转用审批被取消。当事人不履行农地恢复义务的，农林部长或市、郡及区行政首长可以根据《行政代为履行法》，要求代为履行农地恢复义务。②

非法进行农地转用需要承担法律责任。在农业振兴区内，未获得转用审批或以欺诈等非法手段获取转用审批而进行农地转用的，当事人应被处于不超过 5 年的监禁，或不超过农地市价的罚金；在农业保护区内，未获得转用审批或以欺诈等非法手段获取转用审批而进行农地转用的，当事人应被处于不超过 3 年的监禁，或不超过农地市价 50%的罚金。监禁及罚金两种处罚可以并用。③ 对于违反农业振兴区及农业保护区规定、未取得许可临时将农地用于其他用途及未取得农地用途变更条件行为，处以不超过 5 年的监禁或不超过 5000 万韩元的罚金。④ 对于违反法律规定擅自将自己土地委托他人经营的行为及租借、不必要借出自己农地的行为处以不超过 1000 万韩元的罚金。⑤

---

① 韩国《农地法》第三十九条相关内容。
② 韩国《农地法》第四十二条相关内容。
③ 韩国《农地法》第五十七条相关内容。
④ 韩国《农地法》第五十八条相关内容。
⑤ 韩国《农地法》第六十条相关内容。

第三节　启示

综上所述，日本和韩国农业现代化过程中都经历了由农户分散经营向集约规模经营的转变。在农业的集约规模经营过程中，引入新的农业经营主体成为农业现代化的必然选择。在既要引入、培育新的农业经营主体（主要是农业生产公司），又要保障农地农用、提高农地利用效率的双重考虑下，日本和韩国均建立了相应的农地流转准入与监管法律制度，有力地推动了农业的规模化、产业化经营。它们在规范土地流转的法律制度建设方面的经验值得我们学习和借鉴。

一、农地流转准入与监管制度具有发展性

日本和韩国的农地政策与法律的发展与完善与其工业化、城镇化进程紧密相连，都经历了农地经营的"由分到合"的转变。第二次世界大战后，它们都基本实行了"耕者有其田"的政策，并设立了与此相适应的自耕农（农民）制度及农地拥有面积上限等要求。随着20世纪六七十年代，工业化及城市化进程的开始，农业劳动力减少，土地抛荒及转为工商业用途现象快速增加，实现农地的规模化经营成为此阶段农地法律的重要课题，农地权利转移条件放宽，新型农业经营主体开始产生；同时，对农地使用的管制开始加强，农地农用成为农地使用的基本原则。20世纪90年代以后，它们都基本完成了工业化，实现农业现代化、缩小农业与工业之间的

发展差距成为农地政策与法律的重点。引入工商业资本并建立与之相适应的准入标准成为实现农业规模化经营的关键。可以说，在不同农业发展阶段，日本和韩国农地流转准入与监管制度具有不同的特点与要求，但其都是服务于此阶段的社会经济发展，特别是农业发展。农地流转准入与监管法律制度具有历史性，其内容随着经济发展而不断变化。

二、保障农民的农业经营主体地位

日本和韩国在历史上都属于小农社会，在长期的社会发展过程中，农民占有重要地位。第二次世界大战后，日本实行"耕作者主义"，韩国实行"耕者有其田"原则，可以说，这是农民经营主体地位在法律中的集中反映。直至现代，"耕者有其田"原则仍然对它们的农地法律发挥着重要的影响力，农民是最主要的农业经营主体。它们的法律从不同方面对农民的经营主体地位进行确认和保护，如韩国在《宪法》及《农地法》中明确规定了"耕者有其田"原则。在土地流转中，不同于企业获取或承租农地，农民承租农地所受法律限制较少。

三、农业经营能力制度化

日本和韩国土地流转准入法律制度的一个重要特点是将农业经营主体的"农业经营能力"制度化。农业经营能力是农地有效利用的重要保障。日本和韩国在农地利用方面存在大致类似的问题：人多地少，粮食自给率低。促进有限农地的高效利用成为耕地资源紧张国家和地区的共同选择。日本和韩国从第二次世界大战结束后，在实行"耕者有其田"时期就将农民（农户）的经营能力具体化为相应的法律条件及标准。随着农业经营的规模化发展，适应培育、引入新型农业经营主体的需要，日本和韩国的法律从成立主体、经营范围、管理人员及非农企业投资入股比例等方面，将农业生产企业的农业经营能力具体化、制度化。从最初的自耕农的资格要求到后来的农业生产企业的成立条件，这都体现了农业经营能力的制度化、法律化，有力地促进了农地的有效利用。

四、建立农业生产法人（农业公司）制度

在扩大农业经营主体范围、实现农业规模化经营过程中，日本、韩国法律的一项重要制度创新是建立了农业生产法人（农业公司）制度。日本建立农业生产法人的最初目的是促进农户之间的农业生产协作。随着社会经济的发展，农业生产法人逐渐演变出一种其制度建立之初不曾具有的作用——实现工商资本对农业生产领域的进入。韩国也于20世纪90年代建立了与日本农业生产法人类似的农业公司制度。在日本和韩国，法律禁止工商资本直接进入农业生产领域，农业生产法人制度的建立为工商资本进入农业生产领域创造了机会，同时也为农业现代化带来了资金、先进技术及管理经验等。农业生产法人的建立将农业经营能力具体化为公司的制度安排，从制度上避免了工商资本进入农业生产领域后的非农化现象的出现，保障了农地农用。总之，农业生产法人制度的建立，有力地促进了农业产业结构调整和规

模化经营。

五、农地流转准入与监管并重

实行农土地流转的目的在于通过土地的规模化经营，提高土地利用效率，实现农业的现代化。土地规模化经营过程中，流转准入与监管缺一不可。设立准入的目的在于对经营主体农业经营能力进行控制，禁止无农业经营能力或农业经营能力不符合要求的主体进入农业生产领域，从源头上避免土地的低效使用。流转后监管是对经营主体是否始终具备农业经营能力及受让土地是否合理、合法使用的检查、监督。日本和韩国在建立农地流转准入制度的同时，也建立了与之相适应的流转后监管制度，其对于"农地农用"及农地流转准入功能的正常发挥起着重要的保障作用。

六、农地流转准入与监管是一个系统整体

农地流转准入与监管并不是准入监管制度的简单相加，而是一个以准入与监管为中心的系统整体。第二次世界大战后，日本和韩国建立了自耕农制度，一方面，对自耕农本身设立相应的标准、条件；另一方面，还对自耕农设立耕作时间、获取农地面积及能力（资格）证明等限制。随着企业进入农地流转领域，日本和韩国一方面设立相应的农业生产企业成立要件；另一方面还对企业获取或租赁农地在期限、面积、经营项目及附随法律义务等方面设立相应限制。农地流转监管内容主要包括两方面：监管内容和监管手段。监管内容涉及对农

地使用的监督和农地转用的审批。农地监管手段具有多元性，既包括社会公众监督，也包括行政机关和司法机关的监管。农地流转准入与监管制度是由不同的标准、要求按照其内在联系所组成的综合、系统的整体。

第四章　土地经营权流转准入与监管制度现状

第一节　土地经营权法律性质界定

2018年，我国《农村土地承包法》进行修改，此次修改的一个重大变化是将农村土地承包经营权进一步划分为承包权和经营权，实现所有权、承包权和经营权的"三权分置"。"三权分置"有利于落实集体的土地所有权、保障农户的承包经营权和保护经营主体的土地经营权。"三权分置"是对我国农村土地承包经营权制度的进一步发展与完善。

一、从土地承包经营权到"三权分置"

我国农村改革的历史就是土地制度不断发展与完善的历史。20世纪80年代，我国开展农村土地改革，实行家庭联产承包责任制度，将传统的人民公社"集体所有、集体经营"农业生产模式转变为"包产"到户的家庭经营模式，实现了农村土地产权的第一次分离。这种分离被 1988 年的《宪法修正案》和 1986 年颁布的《民法通则》所认可和确立：1988 年《宪法修正案》规定："土地的使用权可以依照法律的规定转让"；1986 年《民法通则》规定："公民、集体依法对集体所有的或者国家所有由集体使用的土地的承包经营权，受法律保护。"至此，农村土地改革中所产生、发展的农民对农村土地使用的权利正式确定为"土地承包经营权"。2002 年，我国《农村土地承包法》颁布，对农村土地承包经营权取得、权利与义务、保护及流转等内容进行了详细的规定，农村土地承包经营权在法律层面进一步具体化、规范化。承包经营权与集体所有权相分离，集体土地所有权的部分权能——占有权能、使用权能、部分收益权能，在一定期限内被转移给土地承包经营权人，而处分权能仍由发包方保留。第一次农村土地产权分离极大地解放了农村生产力，有力地促进了农村经济的快速发展。

随着城镇化及农业现代化的快速发展，农村社会及经济结构发生深刻变化，农村土地的集体所有权与承包经营权的"二权分离"已经难以满足农村土地资源的优化配置和规范使用，不利于提升农业经营主体开展农业活动的积极性。2014 年 1 月，中共中央、国务院发布《关于全面深化农村改革加快推进农业现代化的若干意见》提出：在落实农村土地集体所有权的基础上，稳定农户承包权、放活土地经营权，允许承包土地的经营权向金融机构抵押融资。2014 年 11 月，中共中央办公厅、国务院办公厅发布《关于引导农村土地经营权有序流转发展农业适度规模经营的意见》提出：坚持农村土地集体所有，实现所有权、承包权、经营权三权分置，引导土地经营权有序流转。2016 年 10 月，中共中央办公厅、国务院办公厅发布《关于完善农村土地所有权承包权经营权分置办法的意见》至此，农村土地产权第二次分离发生，"三权分置"被正式确立为农村土地改革及农村土地法治建设的方向。2018 年，我国《农村土地承包法》修改，正式将农村土地"三权分置"制度法律化，并对农村土地经营权的地位、流转、保障及规范等内容进行了规定。在"三权分置"体系下，农村土地承包经营权被分离成土地承包权和土地经营权两部分。"三权分置"，一方面，将承包农户与土地的实际经营者之间的关系更加明确化、清晰化；另一方面，也将农村土地的社会保障功能与经济价值进行分离，承包权可以继续发挥其对农民的社会保障功能，经营权则可以发挥其经济价值，促进农村土地的自由流转，提升农村土地资源的利用效率。"三权分置"将起到隔离经营权与承包权从而控制农户流转承包地的风险的作用。①

"三权分置"产生以来，我国学术界就存在不同的声音，部分学者对"三权分置"理论存在不同认识，"土地承包经营权是一个完整的民事权利，无法'分解为（土地）承包权和（土地）经营权或（土地）使用权'"②。"三权分置"认为土地承包经营权具有身份性，阻碍土地流转，"这种观点误读土地承包经营权的法律性质，明显违背了物权规范的制度逻辑"③。因此，有必要在理论层面对农村土地经营权及其与农村土地承包经营权之间的界限进行深入的

---

① 宋志红：《农村土地"三权分置"改革：风险防范与法治保障》，《经济参考研究》2015 年第 24 期。

② 丁关良：《土地承包经营权流转法律制度研究》，中国人民大学出版社 2011 年版，第 282 页。

③ 高飞：《土地承包经营权流转的困境与对策探析》，《烟台大学学报（哲学社会科学版）》2015 年第 7 期。

论证。①

二、土地经营权的定义

土地经营权，是指土地承包经营权人以其依法承包的农民集体所有或国家所有由农民集体使用的耕地、林地、草地及其他用于农业的土地为对象进行占有、使用和收益权利，并从事种植业、林业、畜牧业等农业生产活动的权利。

土地经营权的特征主要有：

第一，土地经营权的主体范围具有开放性，任何具有农业经营能力或者资质的组织和个人都可以通过土地承包经营权流转成为土地承包经营权主体；但是，在同等条件下，本集体经济组织成员享有优先权。

第二，土地经营权的对象包括农民集体所有和国家所有的由农民集体使用的耕地、林地、草地及其他用于农业的土地及"四荒"。

第三，土地经营权是以经营主体从事种植业、林业、畜牧业等农业生产活动为内容的用益物权，即占有、适用、收益的权利，经营主体有权占有该农村土地，自主开展生产经营活动并获取收益。

---

① 陈小君：《我国农村土地法律制度变革的思路与框架——十八届三中全会〈决定〉相关内容解读》，《法学研究》2014 年第 4 期；丁关良、阮韦波：《农村集体土地产权"三权分离"论驳析——以土地承包经营权流转中"保留（土地）承包权、转移土地经营权（土地使用权）"观点为例》，《山东农业大学学报（社会科学版）》2009 年第 4 期；高圣平：《新兴农业经营体系下农地产权结构的法律逻辑》，《法学研究》2014 年第 4 期；潘俊：《农村土地"三权分置"：权利内容与风险防范》，《中州学刊》2014 年第 11 期。

第四，土地经营权具有期限性，包括法定期限和约定期限。土地经营权是在土地承包经营权之上产生的权利类型，其受到土地承包经营权法定期限的制约。根据《物权法》第一百二十六条规定，耕地承包期为 30 年，草地承包期为 30—50 年。林地承包期为 30—70 年，特殊林木的承包期经国务院林业行政主管部门批准可以延长。与此同时，根据我国《农村土地承包法》及《农村土地经营权流转管理办法》规定，土地经营权可以流转，受让方所取得土地经营权的期限可以在流转合同中进行约定。

三、土地经营权的法律性质："债权说"与"物权说"

从"土地经营权"在法律上确立以来，我国学术界关于土地经营权的性质之争主要围绕"债权说"与"物权说"之间展开。

（一）"债权说"

债权，是指请求特定人为特定行为（作为或不作为）的权利。[①] 不同于物权的对世性，债权是一种相对权，具有相对性，只在债权人和债务人之间发生法律效力，原则上两者之间的债权关系不能对抗第三人。债的相对性规则是立法区分债权与物权的理论依据。[②]

分析土地经营权的法律性质，不可避免地涉及土地承包经营权的性质。土地承包经营权是土地经营权产生的基础，其性质对土地经营权性质有着重要影响。农村土地承包经营权是随着 20 世纪 80 年代家

---

① 张广兴：《债法总论》，法律出版社 1997 年版，第 21 页。
② 崔文星：《债法专论》，法律出版社 2013 年版，第 23 页。

庭联产承包责任制度的确立而形成的。从其产生以来，其法律性质便存在"债权"与"物权"之争。根据我国原《民法通则》《土地管理法》《农村土地承包法》的规定，"发包方和承包方应当订立土地承包合同，约定双方的权利和义务"。因此，土地承包经营权内容具有约定性和不确定性，其内容并非来源于法律的明确规定，不同承包合同所包含的承包权利和义务可能具有很大差异，这些特点明显不符合物权法定主义的要求。物权法实行物权法定主义：物权的类型必须由法律明确规定；权利人可以享有的各种权利内容，至少是这些权利的基本方面必须由法律作出明确的强制性规定。[1] 土地承包经营权的"债权"性质之说及其存在客观理由不可避免地存在于由其派生的土地经营权。关于土地经营权债权性质的理由主要集中在其权利与义务来源于流转合同，其更多地受到法律合同的调整与规制。土地经营权的权利与义务内容来源于当事人之间的意思自治，是"意定"权利，而非"法定"权利。从土地经营权的产生、对抗性、存续期限、可转让性及权利内容等方面分析，其与物权存在较大差异。对于土地经营权经过登记取得对抗第三人的效力，也并不能得出其属于物权的结论。"赋予部分土地经营权以登记能力，仅仅表明立法者意欲借由登记赋予此部分土地经营权以对抗效力，以此稳定土地经营权人的经营预期，并使土地经营权人能够以其权利担保融资。"[2] 持有"债权说"观点的学者认为，运用物权法的"物权法定""一物一权"原则来衡量，土地经营权并不符合物权法要求。

虽然学术界主流观点认为土地经营权为物权，坚持"物权说"，

---

① 陈华彬：《物权法》，法律出版社 2004 年版，第 78 页。

② 高圣平：《农村土地承包法修改后的承包地法权配置》，《法学研究》2019 年第 5 期。

但是土地经营权本身所具有的债权特征是客观、大量存在的，明显区别于传统物权理论，这也为主张"债权说"的学者提供了有力的法律规范方面的支持。

（二）"物权说"

2002 年颁布的《农村土地承包法》确认了承包方对土地承包经营的权利为物权性权利，也确认了土地承包经营权的可流通性。2007 年颁布的《物权法》和 2020 年颁布的《民法典》明确将土地承包经营权界定为用益物权，以专章的形式对土地承包经营权的具体内容及物权性质的保护救济措施进行了具体规定。"土地经营权属于次级土地承包权，是一种不负载任何保障功能的纯粹财产权，是按市场法则设定的用益物权，是在用益物权之上设定的用益物权。"[1]根据2018年修改后的《农村土地承包法》和《民法典》规定，土地经营权不管是否进行登记，都具有对抗效力，这完全不同于普通债权在法律效力方面的相对性；对于土地经营权的保护，则采用了一种物权性的绝对保护方式——"任何组织和个人侵害土地承包经营权、土地经营权的，应当承担民事责任"[2]。这些都是土地经营权用益物权特性的集中体现。同时，土地经营权与土地承包经营权共同被规定在我国《民法典》第三编"用益物权"，这种编写体例本身就是对土地经营权物权性质的一种明确和认可。此外，将土地经营权明确为用益物权，对于当前我国农村土地流转实践"具有强烈的现实必要性，而且从物权法理论的角度来分析，用益物权之上再设置用益物权也是可行

---

① 朱广新：《土地承包权与经营权分离的政策意蕴与法制完善》，《法学》2015 年第 11 期。
② 《农村土地承包法》第五十六条。

的"①。明确土地经营权用益物权性质，"可以凭借物权的长期性和效力的排他性，增强经营者的投资、生产积极性"②，实现"三权分置"的政策初衷。

虽然《民法典》明确规定土地经营权为用益物权，并对其具体内容进行了相应规定，但是《民法典》及《农村土地承包法》等相关法律的规定仍与物权法基本原则及要求具有一定距离，这种不足集中体现在土地经营权并不具备完整的处分权能，物权主要权能被削弱。第一，权利内容意思自治。物权法定原则要求物权的种类及内容由法律明确规定，不能有权利主体实行意思自治。作为物权的土地经营权，在权利内容方面却实行意思自治。根据我国《农村土地承包法》规定，土地经营权流转过程中，当事人双方可以通过流转合同对他们之间的权利和义务进行约定，这些权利与义务会受到法律强制性规定的限制。第二，土地经营权的时间限制。根据物权法的基本原理，物权的权利行使很少受到时间限制，即便有时间限制，一般也有法律明确规定，当事人之间不能对权利的存续期限进行约定。但是，根据我国《农村土地承包法》规定，土地经营权流转过程中，在土地承包经营权时间期限内，土地经营权的期限完全取决于流转主体双方之间的约定，权利期限的意思自治特性明显，并不符合物权法的一般原理。第三，转让权利受到限制。作为一种用益物权，土地经营权人有权在法定范围内任意处分其权利而无须征得所有权人的同意。但是，根据《农村土地承包法》和《农村土地经营权流转管理办法》规定，土地经营权流转过程中，

---

① 孙宪忠：《推进农地三权分置经营模式的立法研究》，《中国社会科学》2016 年第 7 期。

② 陈小君、肖楚钢：《农村土地经营权的法律性质及其客体之辨——兼评〈民法典〉物权编的土地经营权规则》，《中州学刊》2020 年第 12 期。

受让方将取得的土地经营权再次流转或向金融机构融资担保的情况下，需要事先取得承包方的书面同意，同时还需要向发包方备案。允许土地经营权自由转让的目的在于提高土地资源的利用效率，而转让权利限制条款不仅不利于土地资源的优化配置，而且还可能阻碍土地经营权流转交易市场的全面建立。转让权利限制条款体现了合同的相对性和土地经营权的债权特征。第四，土地经营权登记效力区别对待。登记是物权公示的重要方式之一，适用于不动产的物权变动。土地经营权属于用益物权，其变动应该适用登记公示，经过登记的土地经营权具有对世性，具备对抗任何第三人的效力。但是，我国《农村土地承包法》对土地经营权登记并未做强制性规定，对其是否登记的法律效力也区别对待："土地经营权流转期限为五年以上的，当事人可以向登记机构申请土地经营权登记。未经登记，不得对抗善意第三人。"①

关于土地承包经营权的法律性质，虽然主流观点是"物权说"，但是，不可否认，其自身还存在一定的债权特征。无论是"债权说"还是"物权说"都有其存在的合理性，但是也都有其本身无法解决逻辑合理性和完整性问题，这也为土地经营权法律性质问题的进一步研究留下了空间。因此，关于土地经营权的法律性质，除了上述两种学说观点外，学术界还存在"物权化债权说"②、"二元说"③、"总括权利说"④及"两权说"⑤等观点。

---

① 《农村土地承包法》第四十一条。

② 高圣平：《承包地三权分置的法律表达》，《中国法学》2018 年第 4 期。

③ 宋志红：《再论土地经营权的性质——基于对〈农村土地承包法〉的目的解释》，《东方法学》2020 年第 2 期。

④ 高飞：《农村土地"三权分置"的法理阐释与制度意蕴》，《法学研究》2016 年第 3 期。

⑤ 高海：《论农用地"三权分置"中经营权的法律性质》，《法学》2016 年第 4 期。

四、土地经营权是一种发展中的物权类型

物权法的产生和发展与一个国家的社会生活息息相关，与一个国家的社会制度、经济体制紧密相连，并随着社会经济生活的发展而变化。物权法，"从本质上为一种有着强烈民族色彩的'固有法'、'土著法'"[1]。第二次世界大战结束后，物权法一直呈现蓬勃发展的态势，并展现了新的发展趋势：物权种类的逐渐增加，物权法定主义的缓和，物权关系的意思自治及物权与债权的相对化等。我国土地承包经营权与土地经营权从产生到逐步完善，从"债权"转变为"物权"的发展历程，充分说明了物权的发展与创新。

土地经营权的发展表现在以下几个方面：第一，权利流通性逐步增强。土地承包经营权产生之初具有强烈的身份性及非流通性，成员权色彩浓厚。从最初的禁止土地流转，到《中共中央关于一九八四年农村工作的通知》允许土地在集体内部流转，到《农村土地承包法》规定平等协商、自愿、有偿流转原则，再到《关于引导农村土地经营权有序流转发展农业适度规模经营的意见》引导、鼓励土地流转，再到《农村土地承包法》修改实行"三权分置"，实行土地经营权自由流转。土地承包经营权和土地经营权产生和发展的过程展现了土地权利身份属性的逐渐淡化，流转范围的逐渐扩大，流转程序的逐渐规范和国家对流转的态度从禁止到鼓励的历史转变。第二，权利独立性日益增强。土地经营权的流通性与独立性之间是紧密联系的。土地承包经营权最初来源于承包经营合同的约定，具有浓厚的债权属性，发包

---

[1] 陈华彬：《物权法》，法律出版社 2004 年版，第 45 页。

方甚至基层政府对土地承包合同的不正当、违法干预难以有效避免，其对抗外力的法律独立性不足。在此基础上产生的土地经营权一方面尊重流转合同的自主约定，另一方面具备了一定的对抗效力，甚至具有普遍性的对抗效力。同时，法律还对土地经营权采取绝对的保护方式，禁止任何组织和个人强迫土地经营权流转，否则流转无效。这一些都反映了农民行使土地权利的自主性、独立性不断提高。第三，土地经营权经济价值性日益凸显。我国实行城乡二元制社会模式，农村居民以从事农业生产为主，对农民来说，土地不仅是其重要的农业生产资料，而且对其还具有社会保障功能。随着农村经济发展，农民经济收入水平及生活水平不断提高，土地本身所承载的社会保障功能逐渐减弱；同时，由于城镇化建设对土地需求的大量增加及国家对土地流转的大力引导，农村土地所蕴含的经济价值逐渐被关注。在市场机制作用下，土地经营权的经济价值日益凸显。第四，土地经营权权能内容逐步增加。土地承包经营权权能最初主要包括占有、使用和收益权能。随着国家法律及政策对土地承包经营权流转的放开，土地承包经营权的权能开始包含有限的处分权，并且处分权能的内涵不断扩大：《农村土地承包法》规定土地承包经营权可以转让、互换。在土地承包经营权之上派生出来的土地经营权，可以出租（转包）、入股或者其他方式流转或再流转，甚至承包方可以用承包地的土地经营权向金融机构融资担保。从土地承包经营权到土地经营权的发展过程，即是土地权利权能的不断发展、扩大的过程。

土地经营权本身还具有相当"债权"色彩，但是，我们应该看到，随着法律的逐步完善及对土地经营权内容的逐渐法定化，土地经营权的物权属性会日益强化。土地经营权的不足，恰好说明其正处在一个不断发展、完善的过程中，是一种发展中的物权类型。

第二节 土地经营权流转基本原则及方式

一、土地经营权流转的定义

"流通"一词并非法律术语，根据《现代汉语词典》（第七版）解释，其意思为"①流转通行；不停滞；②指商品、货币流转"。随着"土地流转""土地承包经营权流转"的广泛使用，并为《农村土地承包法》及《物权法》等法律所规定后，"流转"一词逐渐成为法律概念。在《农村土地承包法》将农民对农村土地的占有、使用、收益的权利法定化以前，其又被称为"农（用）地使用权流转"等名字；2002 年《农村土地承包法》颁布后，"农（用）地使用权流转"逐渐法定化为"土地承包经营权流转"，又被称为"土地流转"。在《农村土地承包法》颁布后的相当长一段时间内，在我国法律法规及政策文件中，"土地承包经营权流转"等同于"土地流转"。随着 2018 年《农村土地承包法》的修改，"三权分置"法律制度确立，在土地承包经营权基础上派生出了土地经营权，两者之间界限明显，土地流转的内涵发生变化，特指"土地经营权流转"。

何为土地经营权流转？我国《农村土地经营权流转管理办法》第六章"附则"明确规定："农村土地经营权流转，是指在承包方与发包方承包关系保持不变的前提下，承包方依法在一定期限内将土地经营权部分或者全部交由他人自主开展农业生产经营的行为。"

根据土地承包经营权获取方式的不同，法律法规对土地经营权的流转也作了不尽相同的规定。根据《民法典》《农村土地承包法》规定，具有物权属性的土地经营权可以流转，包括以家庭承包方式取得的土地承包经营权、经依法登记取得土地承包经营权证的"四荒"土地承包经营权。没有取得权利证书的土地承包经营权具有债权属性，不具有流通性。对于以家庭承包方式取得的土地经营权的流转，《农村土地经营权流转管理办法》进行了具体制度安排；而对于依法登记取得权属证书的"四荒"土地经营权流转，《农村土地经营权流转管理办法》仅在其三十五条作出原则性规定："其流转管理参照本办法执行。"

二、土地经营权流转基本原则

土地经营权流转基本原则是指贯穿于整个土地经营权流转法律制度并对土地流转具有指导意义的为法律所确认或认可的根本原则。土地经营权流转基本原则具有普遍性，对土地经营权流转立法、执法、司法及守法具有根本性指导意义。由于土地经营权是在实践中不断发展的新事物，土地经营权流转法律制度建设具有一定的滞后性，并不能很好地满足实践的需要，因此，土地经营权流转基本原则更需要发挥其指引性作用，弥补法律不足，强化法律调控作用，规范土地流转活动。

《农村土地承包法》第三十八条规定：土地经营权流转应当遵循以下原则：（一）依法、自愿、有偿，任何组织和个人不得强迫或者阻碍土地经营权流转；（二）不得改变土地所有权的性质和土地的农业用途，不得破坏农业综合生产能力和农业生态环境；（三）流转期限不得超过承包期的剩余期限；（四）受让方须有农业经营能力或者资质；（五）在同等条件下，本集体经济组织成员享有优先权。据此，学术界部分学者认为，土地承包经营权流转基本原则应包括上述 5 项内容。① 对于将《农村土地承包法》第三十八条内容理解为土地经营权流转的基本原则，本书并不认同。不可否认，在没有出台专门的土地经营权流转方面的法律法规前提下，《农村土地承包法》第三十八条所规定的 5 项内容对土地经营权流转确实起着重要的规范作用，但是如果仅仅因为法律条文中出现"土地经营权流转应当遵循以下原则"这样的表述而将法律条文的具体规范作用、要求上升为普遍指导意义则明显不妥。

第三十八条法律条款中关于"（四）受让方须有农业经营能力或者资质"的规定，其实是对土地流转受让方的资格能力要求，适用对象很固定，法律效力涉及范围很窄；关于"（三）流转期限不得超过承包期的剩余期限"的规定是对流转合同期限的强制性要求，涉及的是具体事项，并未规范土地经营权流转全过程；关于"（五）在同等条件下，本集体经济组织成员享有优先权"的规定本身是对土地经营权物权属性的一定程度上的限制，削弱了土地经营权的流通性，不利于市场在资源配置中发挥决定性作用，不利于经营权经济价值的充分实现；关于"（二）不得改变土地所有权的性质和土地的农业用途，

---

① 把《农村土地承包法》第三十八条所规定内容的部分或全部视为土地承包经营权流转基本原则的学者比较多，学术观点传播面也比较广。除此以外，还有些学者持有其他观点，具体参见丁关良《土地承包经营权流转法律制度研究》（中国人民大学出版社 2011 年版）一书第 370 页对国内土地承包经营权流转基本原则种种观点的归纳，限于本书研究重点不在于此，故不作过多分析。

不得破坏农业综合生产能力和农业生态环境"的规定本身略显重复，针对性不强。我国《宪法》明确规定"任何组织或者个人不得侵占、买卖或者以其他形式非法转让土地"，"土地的使用权可以依照法律的规定转让"。《农村土地承包法》第四条规定："农村土地承包后，土地的所有权性质不变。"在我国，土地所有权严禁转让，只有土地使用权才可以转让。土地经营权流转作为一个下位法律制度，似乎没有必要把"不得改变土地所有权"作为其基本原则。

以上关于土地经营权流转基本原则的学说主张虽然存在不足，但也要看到其合理的一面，其对我们进一步研究如何界定土地经营权流转基本原则具有重要参考价值。在分析已有理论的基础上，结合法律基本原则内涵及相关土地流转法律法规，本书认为土地经营权流转基本原则包括以下几项。

（一）平等协商原则

我国《民法典》第四条规定："民事主体在民事活动中的法律地位一律平等。"土地经营权流转是典型的民事法律关系，双方法律地位平等，任何一方不得把自己的意志强加给另一方。在不违反法律强制性规定的前提下，流转双方对流转合同中的流转价格、流转期限、流转方式等权利与义务条款可以自由协商，实行意思自治。《农村土地承包法》第三十九条规定："土地经营权流转的价款，应当由当事人双方协商确定。"《农村土地经营权流转管理办法》第十条规定："土地经营权流转的方式、期限、价款和具体条件，由流转双方平等协商确定。"这些法律规定是平等协商原则的集中体现。

（二）自愿原则

土地经营权是农民享有的一项重要的财产权利，农民可以根据自己的意愿决定是否流转以及流转的方式。自愿原则是土地经营权流转的重要前提，在土地经营权流转过程中必须严格遵守，任何个人或单位，包括各级国家机关，不得强迫或变相强迫农民进行土地经营权流转，也不得阻碍或干预农民进行土地经营权流转。自愿原则不仅是土地经营权是否流转的前提，同时也贯穿于土地经营权流转权利义务关系形成的全过程，并且法律对此原则的贯彻制定了严格的法律责任。

（三）依法原则

土地经营权流转虽然是典型的民事法律行为，实行意思自治，但是其自由是相对的，需要遵守法律的强制性规定。土地经营权是《民法典》明确规定的一种用益物权。根据物权法定原则，物权的种类和内容由法律规定。土地经营权流转的"意思自治"不得违反"物权法定"原则。流转合同的权利义务约定需要在物权法律规定的范围内进行自由约定，例如，《民法典》规定耕地的承包期为30年，因此流转合同的期限则不能超过承包经营权的剩余期限。同时土地经营权还需遵守《民法典》《土地管理法》《农村土地承包法》等相关法律法规的强制性规定。

（四）有偿原则

有偿原则，是指土地经营权流转的收益归经营权出让方所有，租金、转让费及转包费等流转费用由双方当事人协商确定，任何单位和个人没有权利扣留。民事活动应当遵循自愿、公平、等价有偿、诚实信用的原则。虽然等价有偿是民事法律关系的重要原则之一，但是我国法律并不排斥建立在法律强制性及当事人自愿基础上的民事行为。有偿原则并不排斥土地经营权在特殊情况下的无偿流转，如赠与等。有偿原则并非禁止土地经营权无偿流转，而是为保护土地经营权人获取流转收益的权利不被非法干预或剥夺。

（五）公共利益原则

保证耕地资源不减少及合理利用，是保障粮食安全的基本前提。耕地保护是我国的基本国策，土地经营权流转法律不仅要维护流转双方当事人合法权益、规范土地承包经营权流转行为，也要保护耕地这一公共资源。物权的取得与行使，应当遵守法律，遵守社会公德，不得损害公共利益和他人合法权益。承包方维持土地的农业用途，保护和合理利用土地，不得给土地造成永久损害等法定义务及受让方不得改变耕地农业用途、依照有关法律法规保护土地、受让方应该具备农业经营能力等规定，无不是公共利益原则在土地经营权法律中的具体表现。

三、土地经营权流转的方式

根据《民法典》及《农村土地承包法》等相关法律法规规定，法定土地经营权流转方式包括：转包、出租、入股、代耕及融资担保等5种。下面对各个流转方式做简单介绍。

（一）转包

转包是指承包方将部分或全部土地经营权以一定期限转给同一集体经济组织的其他农户从事农业生产经营。转包后原土地承包关系不变，原承包方继续履行原土地承包合同规定的权利和义务。从本质上讲，转包只是将一定期限内的对农村土地的占有、使用和收益的经营权转让给本集体经济组织的其他农户，并不涉及转包农户的土地承包经营权承包资格问题。根据我国法律规定，转包这种流转方式的实施对象范围非常有限，仅限于本集体经济组织内部的农户之间，超出这个范围，其性质就发生变化，即转化为出租。由于转包和出租本质上都是将土地经营权一定期限内让于他人，因此，许多学者认为转包本质上就是出租。

（二）出租

出租是指承包方将部分或全部土地经营权以一定期限租赁给他人从事农业生产经营。出租后原土地承包关系不变，原承包方继续履行原土地承包合同规定的权利和义务。承租方按承租时约定的条件对承包方负责。与转包相同，出租本质上只是将一定期限内对农村土地的占有、使用和收益的经营权转让于并不属于同一集体经济组织的个人或单位，并不涉及转包农户的土地承包经营权承包资格问题。出租和转包的唯一区别是受让对象范围的不同。

（三）入股

依据《农村土地经营权流转管理办法》规定，入股是指实行家庭承包方式的承包方或其他承包方式的承包方将部分或者全部土地经营权作价出资，成为公司、合作经济组织等股东或者成员，并用于农业生产经营。结合"入股"的法律定义，入股的方式包括合作、合伙、公司入股与合作社入股。不同于公司法中的股东出资必然导致所有权转移的规定，土地经营权入股的法律效力具有一定的特殊性：入股的目的必须是"从事农业生产经营"；公司解散时入股土地应当退回原承包方。

（四）代耕

代耕是否是一种独立的土地流转方式呢？《农村土地经营权流转管理办法》第三章"流转方式"所列举的流转方式中并不包含代耕，但是代耕本身又符合《农村土地经营权流转管理办法》关于"农村土地经营权流转"的界定。同时，《农村土地经营权流转管理办法》第十七条第二款规定："承包方将土地交由他人代耕不超过一年的，可以不签订书面合同。"由此推断，代耕也是一种土地经营权流转方式。代耕可以理解为承包户将其承包经营的土地交由他人（个人或组织）临时代为耕种的行为，属于暂时性的农业经营行为。

（五）融资担保

土地经营权融资担保是指土地经营权人为担保自己或者他人的债务履行，以土地经营权提供担保，当债务人不按照约定履行债务时，担保权人有权以土地经营权折价、变卖、拍卖的价款优先受偿。依据《农村土地承包法》规定，承包方或受让方均可将土地经营权向金融机构融资担保，但需要经承包方书面同意并向发包方备案。融资担保"包含了抵押和质押等多种情形，既解决农民向金融机构融资缺少有效担保物的问题，又保持了与担保法等法律规定的一致性"[1]。

---

[1] 全国人民代表大会农业与农村委员会：《关于〈中华人民共和国农村土地承包法修正案（草案）〉的说明》，2018 年 12 月 29 日，见 http://www.npc.gov.cn/zgrdw/npc/xin-wen/2018-12/29/content_2068326.htm。

土地经营权流转是实践的产物，虽然我国法律规定的土地经营权流转方式有以上 5 种，但实践中还有许多流转方式并未被法律所规定，如土地信托、反租倒包等。对于这些法律并未明确规定的流转方式，我们不应持完全否定的态度。《民法典》及《农村土地承包法》均规定了"其他流转方式"，为法律的发展和实践的需要留下了空间。只要这些流转方式符合国家政策和法律原则性规定，不违反法律强制性规定，我们应尽力维护土地经营权流转的有效性，恰当地处理土地经营权流转方式的开放性与物权法定原则之间的矛盾。

第三节　土地经营权流转受让人

土地经营权流转是实践的产物，流转形式具有开放性，包括法定形式和不断产生的新形式，为便于理论及实证分析的准确性、全面性，本书对流转受让人的资格分析不以流转方式为划分依据，而以农业经营主体类型为划分依据。

一、土地经营权流转受让人范围

（一）国家政策层面中的土地经营权流转对象范围逐步扩大

1984 年以来的中央一号文件对农村土地承包经营权流转的受让方范围逐步扩大，由集体经济内部慢慢向非集体经济组织成员开放，逐步实现农村土地承包经营权的自愿、自由、规范流转。在土地流转初期，1984 年中央一号文件《关于一九八四年农村工作的通知》与 1985 年中央一号文件《关于进一步活跃农村经济的十项政策》将土地承包经营权流转范围局限于农村集体经济组织内部，"鼓励土地逐步向种田能手集中"，允许生产资料入股，建立规模经营，建立农村合作经济。2008 年中央一号文件《关于切实加强农业基础建设进一步促进农业发展农民增收的若干意见》首次提出，"按照依法自愿有偿原则，健全土地承包经营权流转市场"。2009 年中央一号文件《关于促进农业稳定发展农民持续增收的若干意见》专门用一部分内容来对"建立健全土地承包经营权流转市场"进行详细阐述。至此，发挥市场在资源配置方面的决定性作用，建立健全土地承包经营权流转市场已经成为"三农"工作的重点。面对土地承包经营权流转市场的发展，2013 年中央一号文件《关于加快发展现代农业进一步增强农村发展活力的若干意见》首次提出，"探索建立严格的工商企业租赁农户承包耕地（林地、草原）准入和监管制度"，"引导农村土地承包经营权有序流转，鼓励和支持承包土地向专业大户、家庭农场、农民合作社流转，发展多种形式的适度规模经营"。2015 年中央一号文件《关于加大改革创新力度加快农业现代化建设的若干意见》提出，"坚持农民家庭经营主体地位，引导土地经营权规范有序流转"，"尽快制定工商资本租赁农地的准入和监管办法"。与此同时，2015 年，农业部、中央农办、国土资源部、国家工商总局联合发布《关于加强对工商资本租赁农地监管和风险防范的意见》，就加强对工商资本租赁农地监管和风险防范提出相关意见。2016 年，中共中央办公厅、国务院办公厅发布《关于完善农村土地所有权承包权经营权分置办法的意见》，提出"加强对土地经营权的保护，引导土地经营权流向种田能手和新型经营主体"。

在此期间，2001 年《中共中央关于做好农户承包地使用权流转工作的通知》对土地承包经营权流转的受让人范围及资格要求进行了较为前瞻性的规定①，但事后看来这些规定在党和国家的相关政策文件中落实得不够，未能很好地转化为具体法律制度。

通过梳理土地经营权允许流转以来的中央一号文件及相关国家农业文件可知，随着我国经济的发展和农村劳动力的转移，在政策层面，我国土地经营权流转实现了由允许自发流转逐步向引导市场化流转的转变，流转受让人范围由集体经济组织内部成员向非集体经济组织的组织和个人扩大。

（二）法律层面中的土地经营权流转对象范围模糊

相对于我国农村土地制度改革中的政策先行性，土地经营权流转方面的法律制度建设相对滞后。迄今为止，对土地经营权流转的受让主体进行具体规定的中央层面的法律有《农村土地承包法》和《农村土地经营权流转管理办法》，而关于土地经营权流转的地方性法规和政府规章只是对上述两部法律法规的简单重复。

《农村土地承包法》颁布于 2002 年，当时，受限于我国经济发展程度及农村劳动力转移具体情况，土地经营权流转的规模和程度远不如今天，考虑到这些客观因素，《农村土地承包法》对土地承包经营

---

① 《中共中央关于做好农户承包地使用权流转工作的通知》规定：土地流转的主体是农户，土地使用权流转必须建立在农户自愿的基础上。工商企业投资开发农业，应当主要从事产前、产后服务和"四荒"资源开发，采取公司加农户和订单农业的方式，带动农户发展产业化经营。农业产业化经营应当是公司带动农户，而不是公司替代农户。外商在我国租赁农户承包地，必须是农业生产、加工企业或农业科研推广单位，其他企业或单位不准租赁经营农户承包地。已经租赁承包地的，要进行清理，加以规范。

权流转的受让方并未作出严格限制，仅要求"受让方须有农业经营能力"。由于法律内涵模糊、可操作性不强，此规定极大地放宽了土地承包经营权流转受让方的范围，几乎任何人和组织都可以成为受让人，这为发展初期的土地承包经营权流转创造了较为宽松的法律环境。随着我国土地经营权流转市场的快速发展及一些无序发展乱象的出现，《农村土地承包法》于2018年修改，对其中的土地经营权流转受让方条件进行修改，要求受让方具备"农业经营能力或者资质"。随后，农村农业部颁布《农村土地经营权流转管理办法》，再次对此要求进行规定。

同时，对待外商投资企业，我国法律并不禁止其受让土地经营权，租赁农村土地。作为引导外商企业投资方向的重要工具，《外商投资产业指导目录》①对外商投资起着重要的调控作用，将产业分为鼓励、限制、禁止三大类。农、林、牧、渔业产业目录下，相关农作物、经济作物的种植生产等部分农业生产经营项目一直是鼓励外商投资产业目录内容；粮食作物的种植生产也并不属于《外商投资产业指导目录》的限制和禁止内容。《外商投资产业指导目录》限制和禁止外商投资领域主要集中在农业生物资源品种研发、选育和种子（苗）生产。由此分析可知，外商投资企业可以在我国租赁农村土地从事相关生产经营活动，并未受到限制。

在法律层面，我国土地经营权流转受让方的范围很广泛，不仅包括承包户、非承包户的个人、新型农业经营主体等，还包括外商投资。

综上所述，我国农村土地经营权流转基本上实现了市场化。随着

---

① 此部分内容参考《外商投资产业指导目录》（2017年修订）。

土地经营权流转的发展，法律对土地经营权流转受让主体的宽泛规定不但不能继续发挥其原有作用，反而可能阻碍土地经营权流转的健康发展。土地经营权流转及国家土地经营权流转政策的新变化尚未在法律中得到充分体现。

二、土地经营权流转受让人资格具体规定

何谓资格，《法律大辞典》解释："人之身分与关系学识上经验上年龄上之地位，谓之资格。欲行使公权或执行业务，或享有其他权利，依法均须有相当法定资格。"《元照英美法词典》解释："资格，指某人从事某种事情或担任某一职位所具备的条件。"市场主体资格制度是商品经济发展到一定程度，随着市场主体经营活动对人类生活和社会发展影响的范围日益广泛、程度日益加深，为保护社会公共利益需要而逐步建立和完善的。所谓土地承包经营权流转受让人资格，是指可以参与土地承包经营权流转且成为受让人所必须具备的条件。流转受让人资格条件是政府对土地承包经营权流转领域干预和管理的重要手段，有助于农村土地资源的合理配置、土地承包经营权流转市场经济秩序的维护及社会公共利益的保护。受让人资格条件设置的高低、宽严与国家干预力度的大小及国家宏观调控目标的实现之间有重要关联。

我国实行的是统一、多层次的立法体制，土地经营权流转法律体系不仅包括中央立法，还包括地方立法。我国土地经营权流转法律制度建设不足以满足土地经营权流转发展需要，在中央层面，土地流转受让人资格随着 2018 年《农村土地承包法》的修订和 2021《农村土

地经营权流转管理办法》的颁布进一步完善；而地方性立法及规范文件层面，关于土地流转受让人资格的法制建设则亟待进一步的发展与完善。

（一）中央层面立法

1. 家庭承包方式取得的土地经营权流转受让人资格

《农村土地承包法》第三十六条规定："承包方可以自主决定依法采取出租（转包）、入股或者其他方式向他人流转土地经营权，并向发包方备案。"第三十八条规定："土地经营权流转应当遵循以下原则：……（三）流转期限不得超过承包期的剩余期限……（五）在同等条件下，本集体经济组织成员享有优先权。"

《农村土地经营权流转管理办法》第六条规定："承包方在承包期限内有权依法自主决定土地经营权是否流转，以及流转对象、方式、期限等。"第九条规定："土地经营权流转的受让方应当为具有农业经营能力或者资质的组织和个人。在同等条件下，本集体经济组织成员享有优先权。"

通过上述中央层面立法的相关内容可知，我国法律对家庭承包方式取得的土地经营权流转的受让人范围没有明确限制，只要具备农业经营能力或资质，任何公民、法人和其他组织都具备资格。土地经营权流转作为一项民事行为，法律尊重流转合同主体之间的意思自治。

2. 以其他方式取得的土地经营权受让人资格

根据我国《农村土地承包法》的相关规定，我国农村土地承包经营权的取得有两种：一种是"农村集体经济组织内部的家庭承包方式"；另外一种是"不宜采取家庭承包方式的荒山、荒沟、荒丘、荒

滩等农村土地，可以采取招标、拍卖、公开协商等方式承包"①，这种
取得方式即是"以其他方式取得土地承包经营权"。对于家庭承包方
式取得土地经营权的流转，我国法律进行了明确、具体的规定，而对
于以其他方式取得的土地经营权，法律并未进行全面、详细的规定。

《农村土地经营权流转管理办法》第三十五条规定："通过招标、
拍卖和公开协商等方式承包荒山、荒沟、荒丘、荒滩等农村土地，经
依法登记取得权属证书的，可以流转土地经营权，其流转管理参照本
办法执行。"根据立法学基本原理，"参照"是指有条件的适用，允许
农村农业执法部门根据通过招标、拍卖和公开协商等方式承包荒山、
荒沟、荒丘、荒滩等农村土地而取得土地经营权的特殊性，灵活适用
《农村土地经营权流转管理办法》的相关规定。虽然"参照"并不能
完全等于"依据"，但是此条规定也间接性地规定了以其他方式取得
土地经营权流转的法律依据。基于立法本意及目的，本人认为，《农
村土地承包法》中的"强制性"的规定应该适用于以其他方式取得的
土地经营权受让人资格方面；"倡导性""选择性"的规定，则可以依
据以其他方式取得的土地经营权的特殊性而灵活适用。因此，对于以
其他方式取得的土地经营权受让人资格，应该是适用《农村土地经营
权流转管理办法》第三十八条的明确要求："受让方须有农业经营能
力或者资质；在同等条件下，本集体经济组织成员享有优先权。"

（二）地方层面立法

2018 年《农村土地承包法》修改后，原有政策及法律中的"土

---

① 《农村土地承包法》第三条第二款。

地承包经营权流转制度"的主要内容及功能由"土地经营权流转制度"承受和发展。由于我国农村土地地方立法的滞后性，土地经营权及其流转在地方性立法中还未明确，鉴于两者之间的内在联系及功能的高度相似性，在关于土地经营权流转受让人资格分析中，此部分分析仍然沿用"土地承包经营权"概念，以便于准确分析地方性立法的相关条款及内容。

我国地方层面立法包括省（自治区、直辖市）、市（设区市）两级立法，基于地方立法适用范围大小及宏观调控影响面大小，本书以分析省级（自治区、直辖市）地方性法律及规章为主，同时涉及部分市级（设区市）地方政府规章等规范性文件。

1. 省级地方性法规及规章

截至 2020 年底，自 2002 年《农村土地承包法》颁布以来，除港澳台以外的我国 31 个省级行政区划单位中，从公开信息可以查询到的 20 个省（自治区、直辖市）颁布了《农村土地承包法》实施办法等省级土地承包经营权流转方面的地方性法规或政府规章，具体见表 1。

表 1：部分省级地方性法规和省级地方政府规章统计表

序号	地方性法规及规章名称	颁布单位	制定时间	涉及土地经营权流转受让人资格条款及相关内容
1	湖北省农村土地承包经营条例	湖北省人大常委会	2012.7.30	第四十三条 在确保承包方自主权的前提下，鼓励各类经营主体通过土地承包经营权流转开展规模经营，发展现代农业

序号	地方性法规及规章名称	颁布单位	制定时间	涉及土地经营权流转受让人资格条款及相关内容
2	辽宁省实施《中华人民共和国农村土地承包法》办法（2020年修订）	辽宁省人大常委会	2005.1.28	无
3	吉林省农村土地承包经营管理条例	吉林省人大常委会	2005.1.20	第三十一条 "四荒"可以由集体经济组织内部成员开发经营，也可以由集体经济组织以外的单位和个人开发经营。在同等条件下，集体经济组织内部成员享有优先权
4	河北省农村土地承包条例	河北省人大常委会	2013.7.25	第二十五条 以家庭承包方式承包的土地，土地承包经营权流转采取转让方式的，应当符合下列条件：……（三）受让方为从事农业生产经营的农户……
5	山东省实施《中华人民共和国农村土地承包法》办法	山东省人大常委会	2004.7.30	无
6	湖南省实施《中华人民共和国农村土地承包法》办法（2021年修改）	湖南省人大常委会	2004.7.30	无
7	山西省实施《中华人民共和国农村土地承包法》办法	山西省人大常委会	2004.9.25	无
8	安徽省实施《中华人民共和国农村土地承包法》办法	安徽省人大常委会	2005.6.17	无

序号	地方性法规及规章名称	颁布单位	制定时间	涉及土地经营权流转受让人资格条款及相关内容
9	新疆维吾尔自治区实施《中华人民共和国农村土地承包法》办法	新疆维吾尔自治区人大常委会	2005.7.29	无
10	福建省实施《中华人民共和国农村土地承包法》若干问题的规定	福建省人大常委会	2005.9.29	无
11	云南省实施《中华人民共和国农村土地承包法》办法	云南省人大常委会	2006.7.28	无
12	内蒙古自治区实施《中华人民共和国农村土地承包法》办法	内蒙古自治区人大常委会	2009.7.30	无
13	青海省实施《中华人民共和国农村土地承包法》办法	青海省人大常委会	2009.11.30	第二十九条　土地承包经营权流转的受让方可以是承包农牧户，也可以是其他依法从事农牧业生产经营的单位或者个人。在同等条件下，本集体经济组织成员享有优先权
14	海南省实施《中华人民共和国农村土地承包法》办法	海南省人大常委会	2006.7.28	第七条　农村土地承包经营权不得采取转让、合作、转包、出租、入股、抵押或者其他方式流转给国家机关及国家工作人员（含离退休人员）

序号	地方性法规及规章名称	颁布单位	制定时间	涉及土地经营权流转受让人资格条款及相关内容
15	陕西省实施《中华人民共和国农村土地承包法》办法（2014 年修改）	陕西省人大常委会	2006.9.28	无
16	江西省实施《中华人民共和国农村土地承包法》办法	江西省人大常委会	2007.7.27	无
17	四川省实施《中华人民共和国农村土地承包法》办法	四川省人大常委会	2007.11.29	第二十九条　土地承包经营权流转的受让方主要是农户，也可以是法律和政策允许从事农业生产经营的其他组织或者个人。同等条件下，本集体经济组织农户享有优先权
18	重庆市实施《中华人民共和国农村土地承包法》办法	重庆市人大常委会	2007.3.30	第三十条　土地承包经营权流转应当遵守以下规定：……（五）在同等条件下，本集体经济组织成员享有优先权……
19	浙江省实施《中华人民共和国农村土地承包法》办法（2009 年修改）	浙江省人大常委会	2006.9.30	无
20	江苏省农村土地承包经营权保护条例（2020 年修订）	江苏省人大常委会	2004.12.17	第二十一条　承包方将土地经营权流转给本集体经济组织外的单位和个人的，应当在订立流转合同前，采取公示等形式告知本集体经济组织其他成员。受让人有两个以上时，在同等条件下，本集体经济组织成员享有优先权

序号	地方性法规及规章名称	颁布单位	制定时间	涉及土地经营权流转受让人资格条款及相关内容
21	江苏省农村土地承包经营权流转办法	江苏省人民政府	2003.12.18	第七条　农村土地承包经营权的流转应当遵循下列原则：……（四）受让方须有农业经营能力；（五）在同等条件下，本集体经济组织成员享有优先权…… 第八条　承包方有权依法自主决定土地承包经营权是否流转、流转给谁以及何时和以何种方式流转。土地承包经营权流转的受让方主要是农户，也可以是境内农业企业、事业法人或者农民专业合作组织，也可以是境外农业生产、加工企业或者农业科研推广单位

资料来源：中国人大网国家法律法规数据库、威科先行法律数据库。

2.部分市级（设区市）地方政府规章及规范性文件

由于未查到我国部分省份（自治区、直辖市）颁布的省级土地承包经营权流转方面的地方性法规及规章，本书此处选取了这些省份（自治区、直辖市）所辖的部分设区市的土地承包经营权流转方面的地方政府规章及规范性文件，以实现法律文本分析的代表性。鉴于市级地方性法律及规章等规范性文件适用范围的有限性及其内容侧重对上位法（包括中央和省级两个层面）的执行性，本书并不过多分析市级规范性文件，具体见表2。

表2：部分市级地方政府规章及规范性文件统计表

序号	地方政府规章及规范性文件名称	颁布单位	制定时间	涉及土地经营权流转受让人资格条款及相关内容
1	贵阳市规范农村土地经营权流转管理暂行办法	贵阳市人民政府办公厅	2018.4.28	无
2	眉山市农村土地承包经营权流转管理暂行办法	眉山市人民政府	2014.12.9	第九条　农村土地承包经营权流转的受让方主要是承包农户，也可以是法律和政策规定允许从事农业生产经营的组织和个人
3	温州市农村土地承包经营权流转管理暂行办法	温州市人民政府	2011.11.23	第九条　农村土地承包经营权流转应当具备下列条件： （一）农村土地承包经营权权属明晰； （二）流出方自愿流转农村土地承包经营权； （三）流入方应当具备农业经营能力； （四）流转双方就流转方式、价格、期限等事项协商一致； （五）流转项目符合国家法律法规、环境保护政策和农业产业发展规划
4	兰州市农村土地承包经营权流转管理实施细则	兰州市人民政府办公厅	2011.6.22	第四条　农村土地承包经营权流转应当遵循下列原则：……（四）坚持优先权原则。在同等条件下，本集体经济组织成员享有优先流转土地的权利。 第二十三条　实施土地流转主体多元化。鼓励工商企业、科研机构、机关事业单位、城镇居民等带项目、带技术、带资金下乡流转土地，开发高效农业项目。引进全省乃至全国农业前沿项目的，政府将给予奖励扶持。同时，鼓励和扶持农村土地承包经营大户和农业产业化龙头企业通过土地流转建立农产品生产基地

续表

序号	地方政府规章及规范性文件名称	颁布单位	制定时间	涉及土地经营权流转受让人资格条款及相关内容
5	忻州市农村土地承包经营权流转管理办法（试行）	忻州市人民政府办公厅	2011.6.1	第八条　农地流转应具备以下条件：（一）农地权属明晰；（二）流入方应具备农业经营能力；（三）转出方与流入方就流转方式、价格、期限等协商一致；（四）流转项目符合国家的法律法规、环境保护政策、农业产业发展规划
6	漯河市农村土地承包经营权流转管理办法	漯河市人民政府办公室	2011.3.9	第十二条　农村土地流转的受让方可以是承包农户，也可以是其他有关法律法规允许从事农业生产经营的组织和个人，在同等条件下，本集体经济组织成员享有优先权。受让方应当具有农业生产经营能力
7	南宁市农村土地承包经营权流转实施细则	南宁市人民政府办公厅	2010.11.10	无
8	滁州市农村土地承包经营权流转管理办法	滁州市人民政府	2009.9.5	第十二条　农村土地流转的受让方可以是承包农户，也可以是其他有关法律法规允许从事农业生产经营的组织和个人。受让方应当具有农业生产经营能力。在同等条件下，本集体经济组织成员享有优先权

资料来源：威科先行法律数据库。

结合上述土地流转方面的省级（自治区）和市级（设区市）地方性法规、规章及规范性文件的文本条款梳理，我国土地（承包）经营权流转受让人资格规定主要分为以下几种类型：

第一，未作任何特别或具体规定，遵循上位法相关规定。这种类型的流转受让人资格规定在所有省份中占绝大多数。这里面又分为两个方面:一方面,个别未颁布省级地方性法规、规章的省(自治区、直辖市)及颁布了省级地方性法规、规章但对流转受让人资格未做规定的省份,当然适用上位法《农村土地承包法》及《农村土地经营权流转管理办法》的具体规定。根据法律适用原理,实施性下位法未规定的,即适用上位法规定。另一方面,已颁布的与土地流转相关的省级地方性法规、规章对流转受让人资格作出与修改前的《农村土地承包法》及原《农村土地承包经营权流转管理办法》相同的规定。依据新法优于旧法、上位法优于下位法的基本要求,关于土地流转受让方资格适用《农村土地承包法》及《农村土地经营权流转管理办法》的相关规定。

第二,以列举的方式,明确界定受让人条件和范围为:"按有关法律及有关规定允许从事农业生产经营的组织和个人。"《江苏省农村土地承包经营权流转办法》通过列举的方式,明确将"其他按有关法律及有关规定允许从事农业生产经营的组织和个人"的范围界定为:境内农业企业、事业法人、农民专业合作组织及境外农业生产、加工企业或者农业科研推广单位。

第三,对土地流转受让人资格范围作出禁止性的排除规定。在可查询到的已颁布省级土地流转方面的地方性法规及规章的省份中,仅有《海南省实施〈中华人民共和国农村土地承包法〉办法》第七条第二款规定:"农村土地承包经营权不得采取转让、合作、转包、出租、入股、抵押或者其他方式流转给国家机关及国家工作人员(含离退休人员)。"

第四,违反《农村土地承包法》相关规定,对流转受让人范围无条件扩大化。土地流转受让人不仅要具备农业经营能力或资质,而且还需经相关法律及规定许可，而《湖北省农村土地承包经营条例》和《兰州市农村土地承包经营权流转管理实施细则》则违反此规定，对土地承包经营权流转受让方未作明确限制，《湖北省农村土地承包经营条例》第四十三条规定"鼓励各类经营主体通过土地承包经营权流转开展规模经营"；《兰州市农村土地承包经营权流转管理实施细则》第二十三条规定"鼓励工商企业、科研机构、机关事业单位、城镇居民等带项目、带技术、带资金下乡流转土地"。

上述省级及市级地方性法规、规章等规范性文件对流转受让人资格的规定均是针对家庭承包方式取得的土地（承包）经营权流转而言，对以其他方式取得的"四荒"土地（承包）经营权流转未作任何规定，其他方式土地（承包）经营权流转受让人的资格需参照《农村土地承包法》及《农村土地经营权流转管理办法》的相关规定。

综上所述，在我国省级及市级地方性法规、规章及规范性文件中，对土地（承包）经营权流转受让人的资格要求主要遵循修改前的《农村土地承包法》及《农村土地经营权流转管理办法》的规定："必须具备农业经营能力或资质。"同时，我们应该注意到，个别地方的规范性文件有将流转受让人资格认定标准向具体化、可操作性方向发展的趋势。但是，由于流转受让人要求规定的抽象化，极个别地方也有将受让人要求虚化的现象，明显违背土地（承包）经营权流转的基本原则。

三、土地经营权流转受让人资格要求存在问题

依据上文分析，我国土地经营权流转受让人资格要求包括：具备

农业经营能力或资质。受限于农村农业发展水平,《农村土地承包法》制定之初,我国农村土地流转规模及活跃程度远不如当下,流转受让人资格要求以促进、推动土地流转为主要目标。随着我国经济发展水平的提高及城镇化进程的加快,如何规范土地流转行为,提升土地流转质量,已成为新时代土地流转法律和政策的关注重点。虽然 2018 年《农村土地承包法》就进行了修改,对土地经营权流转受让人资格进行了完善,但是,总体而言,规定过于原则、抽象,可操作性不足,不能够有效地满足规范土地流转健康、有序发展的需要。

(一)农业经营能力法律内涵模糊

《现代汉语词典》(第七版)对"能力"的解释为"能胜任某项工作或事务的主观条件",对"经营"的解释为"筹划、组织并管理"。由此可推断,农业经营能力,是指从事农业生产经营所需要的主观条件。在民事法律中存在民事权利和民事能力之分。是否可以将农业经营能力理解为民事能力?自然人的民事能力与自然人的生长过程紧密联系,随着年龄、智力和精神状况等因素变化而被区分为完全民事行为能力、限制民事行为能力和无民事行为能力 3 类,并在此基础上确认个人行为的不同法律效力。农业生产经营是个社会化过程,是一系列有意识、有目的行为所形成的结果。农业经营主体不能简单地以年龄、智力及精神状况等为标准进行考量,当然也就不存在所谓的完全行为能力、限制行为能力及无行为能力之分了。

农业经营行为是在一定时间内从事农业生产并以此获利的职业性行为。这种经营行为及能力以个人的民事行为能力为基础,并区别于民事行为能力要求。由于经营行为对经济和社会秩序影响越来越大,法律需要设置强制性要求以规范各种经营主体行为，保证各种经营主体具备相应的资质要求，这构成了农业生产经营活动的基本规则和市场秩序的基础条件。对于农业经营主体而言，经营能力是其可以依法从事农业生产的资格要求。一个具体的农业生产经营行为能否发生经营主体预期的法律效果，需要依据经营主体是否具备经营资格进行判断，农业经营能力具备与民事行为能力类似的功能。

在我国城乡二元治理模式背景下，法律对农业经营能力的内涵关注不足。同其他行业比较，农业历史悠久，以土地为载体，利用动植物的自然生长规律，通过人工培育以获得产品。由于农业生产的特殊性，农业长期以来实行的是粗放型的发展方式，在很大程度上，劳动力投入的重要性远大于其他生产要素。农业生产经营行为的细化、专业化程度也远远落后于其他行业。在我国，城市居民主要从事第二、三产业，而农民则主要从事第一产业，即农业生产经营。改革开放以来，我国农村土地承包方面的法律法规的关注重点都在于对农民土地承包经营权及相关权益的保障，并以此为中心构建了相应的法律制度。《农村土地承包法》第一条明确规定："为了巩固和完善以家庭承包经营为基础、统分结合的双层经营体制，保持农村土地承包关系稳定并长久不变，维护农村土地承包经营当事人的合法权益，促进农业、农村经济发展和农村社会和谐稳定，根据宪法，制定本法。"《农村土地承包法》的立法目的由此可见，在一定意义上讲，《农村土地承包法》仍然是城乡二元模式的产物。严格意义上讲，在我国，农业经营能力并不是一个法律概念，对于其法律内涵，相关法律并未给出明确界定。在我国，从事农业生产经营具有身份属性和职业属性相混合的属性，其中身份属性的色彩更浓，甚至具有决定性。虽然从《农村土地承包法》中关于承包方的权利与义务等条款中可以推断其从事农业生产须具备的条件或满足的要求，但是这种以农户为主体的要求或条件是否可以简单适用于非承包农户的其他个人或组织等流转受让人，在法律层面上还存在疑问。

在我国允许土地承包经营权流转后的相当一段时期内，我国处于从传统的计划经济向市场经济转型的过程中，农业生产中小农经济色彩浓厚，农村土地承包经营权流转规模小，流转率不高，流转多局限于集体经济组织成员内部，具有相对封闭性，土地承包经营权流转市场化的负面问题并未出现。由此，流转受让人须具备农业经营能力的重要性及急迫性并未凸显，农业经营能力法律内涵模糊的问题在法律层面上并未影响土地承包经营权流转的正常发展，甚至在一定程度上促进了土地承包经营权流转的发展，因为，法律内涵的模糊可以在一定程度上放宽流转受让人的资格条件。一定意义上说，农业经营能力法律内涵的模糊化是特定时期的需要，我们对这种法律模糊的评判应当从发展的、历史的角度出发，肯定其曾经发挥的作用及存在价值。

随着近年来我国城镇化进程的加快，农村劳动力转移量加大，土地经营权流转规模扩大，流转对象由原来的仅局限于集体经济组织成员内部向多元化、市场化主体转变，土地经营权流转基本实现了市场化。农业经营能力法律内涵模糊、认定标准缺失，导致大量不适格主体进入土地流转市场，给土地经营权流转的健康、有序发展带来诸多不利影响。在土地经营权流转加速化、市场化的背景下，农业经营能力模糊化的局限性表露无遗。农业经营及农业经营能力如何去除城乡二元制度下的身份属性，实现城乡统筹背景下的职业化及职业资格要求，已经成为当下我国农村法律制度发展与完善的必要内容。

（二）农业经营资质法律制度还不健全

2018 年《农村土地承包法》修改以前，关于土地流转受让人的资格要求包括两方面：一是"受让方须有农业经营能力"；二是"有关法律及有关规定允许从事农业生产经营的组织和个人"。2018 年《农村土地承包法》修改的一项重要内容是对土地经营权流转的资格标准进行了完善，规定："受让方须有农业经营能力或者资质。"《农村土地经营权流转管理办法》对此进一步作出规定："土地经营权流转的受让方应当为具有农业经营能力或者资质的组织和个人。"

关于农业经营能力问题，本人认为，通过上文的分析，其主要是针对传统农业经营主体提出的要求，即主要针对农户、农村居民而言。《关于〈中华人民共和国农村土地承包法修正案（草案）〉的说明》指出，我国现阶段农业生产呈现"家庭承包，多元经营"格局，大量涌现的各类合作社、农业产业化龙头企业等新型经营主体及其生产经营行为对我国农村土地政策与法律提出了新的要求，也是 2018 年《农村土地承包法》的基本出发点。因此，本书认为，2018 年《农村土地承包法》修改时新增加的农业经营"资质"要求，主要是针对新型农业经营主体、工商企业等社会资本提出的要求，尤其是针对法人（公司）这类有法定组织的农业经营主体。

资质，根据《现代汉语词典》（第七版）解释，其意思为"①人的素质；智力；②泛指从事某种工作或活动所具备的条件、资格、能力等"。随着社会分工的越来越细，国家在关乎社会公共利益、公共安全等重要领域涉及了相应的资格准入制度，并制定了相应的许可性法律法规。虽然 2018 年《农村土地承包法》修改及《农村土地承包经营权流转管理办法》废止后，我国法律不再明确规定"有关法律及有关规定允许从事农业生产经营的组织和个人"，但是新增加的"资质"要求本质上还是资格、能力问题的法律化。因此，对农业经营资质问题的分析，首先要研究我国是否制定有关于农业生产经营主体及其资格方面的法律法规。

土地流转涉及社会公共利益及经济宏观调控，国家可以通过法律许可的方式，对土地承包经营权流转进行干预、管理。土地流转受让人范围界定涉及受让人的从业资格，依照我国《行政许可法》规定，除法律、行政法规、省级地方性法律及规章外，其他规范性文件不得设置许可性规定，"不得限制其他地区的个人或者企业到本地区从事生产经营和提供服务，不得限制其他地区的商品进入本地区市场"①。由此推断，能够对土地流转受让人范围界定的法律法规的范围应以法律、行政法规、省级地方性法规及规章为限，法律法规范围不宜扩大，以免造成土地流转市场的人为分割及地方保护主义。

《农村土地承包法》仅规定土地经营权流转须遵守的原则，并未规定流转受让人的范围，在地方立法层面，仅有江苏和海南两省的省级地方性法规及规章对流转受让人范围作出禁止性规定。此外，我国部分法律对国家公务人员的营利性活动从业禁止性规定②应该对土地流转受让人范围界定适用。通过上述分析，除对特殊人员的营利性活动从业禁止外，在法律层面，我国并不存在土地承包经营权主体及其资质方面的法律法规。

---

① 《行政许可法》第十五条第二款部分内容。
② 《公务员法》第五十九、七十四、一百零九条；《法官法》第二十二条；《检察官法》第二十三条及《人民警察法》第二十二条规定，公务员、法官、检察官及人民警察禁止从事或者参与营利性活动。

在分析法律的同时，我们也不能忽视党和国家农业政策文件对我国农村土地经营权流转所发挥的实质作用及约束力。我国土地流转是实践的产物，党和国家的农业政策文件在指导和推动土地流转实践中发挥着极其重要的作用；同时，中央农业政策也是土地流转法律制度构建的重要前提和基础。我国是单一制国家，地方在中央的统一领导之下。地方政府为执行中央的农业政策，会制定相应的地方农业政策，而地方农业政策一般是对中央农业政策的具体化及在中央授权下的地方化。可见，同地方农业政策相比较，中央农业政策在土地承包经营权流转实践中发挥着最基础、最重要的指导作用。对于土地流转中的地方性政策文件我们应一分为二地看待，遵守中央政策规定并在允许范围内进行具体化的地方性政策文件，则认可其效力；违反中央政策规定或没有得到中央授权的地方政策文件，则不具有指导效力。通过上文对我国土地流转放开的相关年份中央一号文件内容的分析，土地流转初期，流转范围仅限于同一集体经济组织内部的承包农户之间，随着经济社会的发展，中央政策逐步推动建立健全流转市场。除了2001年《中共中央关于做好农户承包地使用权流转工作的通知》对土地流转的受让人范围及资格要求进行了较为前瞻性的规定外，我国1984年以后的历年中央一号文件并未明确涉及土地流转受让人范围。但是，历年中央一号文件对土地流转的态度在慢慢发生变化：从限于集体经济组织内部到建立完善土地流转市场。中央农业政策对土地流转受让人范围的开放性规定与其说是一种许可、允许，不如说是"未做明确规定"的另一种表述方式。严格意义上说，仅有2015年《关于加强对工商资本租赁农地监管和风险防范的意见》才是一种准入、许可性规定。

依法治国是社会主义市场经济发展的客观要求，也是实现国家治理体系和治理能力现代化的必然要求。农村是我国法治建设相对薄弱的领域，加快农业农村法律体系建设，实现"三农"工作依靠政策引领向依法治理的转变是依法治国的要求。从 1984 年国家允许土地流转以来，经过 30 余年的发展，我国土地流转市场已经基本建立，涉及农村土地面积规模日益扩大，对社会和经济发展的影响越来越大，亟须使用法治手段规范其发展，传统的依赖政策手段的弊端及不足已经显现出来。对于土地流转受让人主体及资质这样涉及流转市场准入资格的事项仍由政策来进行界定的做法已经不适应市场经济发展和依法治国的要求。

综上所述，农业经营能力法律内涵模糊，难以对土地流转受让人形成实际的约束力，不足以发挥提升流转准入门槛的作用；农业经营资质法律制度不健全，难以对新型农业经营主体及工商企业等社会资本进入土地流转市场进行有效的规范。在具体支撑制度不健全的情况下，认定流转受让人资格条件不能很好地发挥应有的调控作用，极大程度上降低了土地流转的门槛，明显背离中央农业政策所要求的建立健全土地流转准入与监管制度的目标，对我国耕地保护和粮食安全带来了诸多不利影响。

第四节　土地经营权流转监管

一、土地经营权流转监管的法律规定

依据现代行为科学理论，由于受执行主体对行为的认知及接受的

差异性所影响，行为的确定与执行始终是无法完全一致的。有必要通过一系列的机制建设来消除或防止行为认知与行为执行之间的偏差。土地经营权流转监管是流转受让人与流转行政管理机关之间的一种互动，目的在于保持流转目的与流转行为结果之间的一致性与统一性。建立健全监管制度是保障土地流转健康、有序发展的重要措施。我国土地流转法律制度于 2018 年《农村土地承包法》修改后逐步完善，相关监管制度规定也在不断完善过程中。土地流转监管制度主要由《农村土地承包法》《农村土地经营权流转管理办法》进行具体规定，同时还涉及《土地管理法》相关条款；承担监管职责的主体主要自然资源主管部门、农业农村主管部门、林业和草原主管部门等有关部门。

（一）实行土地经营权流转指导

县级以上人民政府农业农村主管部门负责本行政区域内的农村土地经营权流转及流转合同的管理指导，并对乡镇人民政府的农村土地承包管理部门进行工作指导。县级以上人民政府应加强对本行政区域内土地经营权流转市场或者农村产权交易市场业务指导，督促其建立健全交易市场运行规则、规范开展土地流转相关配套服务工作。

乡镇人民政府农村土地承包管理部门负责对具体的土地承包经营权流转事项的管理和指导。乡镇人民政府农村土地承包部门负责建立土地流转台账，及时准确记载本行政区内土地流转开展的具体情况。

（二）实行社会资本流转土地经营权资格审查与项目审核

2018 年《农村土地承包法》的最大变化是对工商企业等社会资本流转土地经营权实行分级资格审查和项目审核。乡镇人民政府农村土地承包管理部门和县级以上地方人民政府农业农村主管根据分级审查审核要求，对工商企业等社会资本土地经营权流转申请进行审核，审核内容包括流转合同、农业经营能力或资质证明、流转经营项目规划等方面。工商企业等社会资本流转土地经营权资格审查与项目审核未通过的，则不能开展土地经营权流转。县级以上人民政府建立健全相关规范制度，加强土地流转风险防范及事中事后监管。

（三）实行土地经营权流转合同管理与登记

县级以上地方人民政府农业农村主管部门依照职责，负责本行政区域内土地经营权流转及流转合同管理。乡镇人民政府负责本行政区域内土地经营权流转合同管理。乡镇人民政府农村土地承包管理部门向土地流转双方提供格式合同并指导合同签订，合同签订后负责对土地流转有关合同及文件材料等进行妥善保管。土地经营权流转、再流转及土地经营权融资担保的情况下，应当办理备案并报告乡镇人民政府农村土地承包管理部门。

在当事人申请情况下，对于期限在5年以上的土地经营权流转，登记机关可进行土地流转登记并具有对抗善意第三人的法律效力。对于土地经营权融资担保合同，当事人也可以申请进行登记，并可具备对抗善意第三人的法律效力。

（四）提供公共服务并引导适度规模经营

县级以上人民政府农业农村主管部门应建立农村土地承包信息平台，建立健全土地经营权流转网签平台制度，提升土地经营权流转规范化、信息化水平。县级以上人民政府农村农业主管部门应结合本辖区内经济社会发展水平、农村劳动力转移情况、农业机械化水平等因素，引导土地经营权流转适度规模经营，发展粮食生产及现代化种养业。

（五）保障土地经营权流转权利及流转收益

任何组织和个人不得干涉土地承包经营权流转。各级政府及相关部门保障承包农户的土地流转权益，任何组织和个人不得非法干预土地流转、擅自截留或扣缴土地流转收益。经土地流转主体申请，乡镇人民政府可以协调解决土地流转纠纷。

（六）实行土地用途管制

我国实行土地用途管制，严格限制农用地转为非农用地，实行永久基本农田保护制度。县级以上人民政府自然资源主管部门、农业农村主管部门等按照职责权限负责对违反土地管理法规的行为进行检查监督。对于违反耕地用途管制或不合理利用造成土地荒漠化、盐渍化的行为，县级以上人民政府自然资源主管部门、农业农村主管部门等责令限期改正或治理，可并处罚款；构成犯罪的，依法追究刑事责任。同时，县级以上人民政府自然资源主管部门、农业农村主管部门等在检查监督工作中发现国家机关工作人员违法的，有权进行行政处分、政务处分或提出相应建议书。

二、土地经营权流转监管法律规定还需进一步完善

随着流转受让人范围由封闭性向市场化的转变，流转受让人由单一化向多元化的转变，我国现行法律中关于土地承包经营权流转监管的不足逐渐暴露出来，不能很好地解决流转受让人资质参差不齐、流转后土地的不合理及违法使用等问题。地方政府监管职责存在的不足主要表现在以下几个方面。

（一）监管职责设置不健全

土地流转具有过程性，对其监管也应该是事前、事中和事后的全过程监管，不仅要包括事前的资格与经营审核，还包括事中事后的风险防范、土地用途使用监督等内容。2018年修改后的《农村土地承包法》和《农村土地经营权流转管理办法》针对土地流转中出现的"非粮非农"等问题，及时在法制建设方面作出回应，建立健全了相关土地流转监管制度。在上文对我国现行监管制度法律规定分析的基础上，本书认为，我国土地流转监管制度在以下几个方面还有待进一步发展完善。

第一，分级资格审查和项目审核制度实行对象分类管理。工商企业等社会资本流转土地"非粮非农"现象明显，有必要加强对其监管，但是农户、农业合作社等非社会资本作为重要的土地流转经营主体，在实践中也暴露出一些农地利用方面的问题，有必要加强对其监管，但可以根据实际情况适当缩小资格和项目审查范围，实现其与社会资本力量的分类管理。根据法律规定，针对社会资本建立的分级资格审查和项目审核制度并不适用农户等非社会资本经营主体，对这类主体的制度监管还不健全。

第二，过程性监管力量不足。2018年《农村土地承包法》修改的重点是加强了对社会资本流转土地的资格审查与项目审核等事前监管内容，对于土地流转的过程性监管制度建设不足。通观整部法律，一方面，过程性监管的内容规定比较简单、原则，指导性强，但可操作性不足；另一方面，主管部门将大部分监管职责转移到承包方。土地流转协议是民事行为，尊重当事人意思自治，但是法律以保障公共利益为前提的权利限制与克减。监管部门将受让方破坏或不合理利用农村土地情况下的合同解除权赋予承包方，存在监管部门责任缺位之嫌。

第三，村集体准监管主体地位与收取管理费用规定相悖。农村集体经济组织（村民委员会或村民小组）并非土地流转的法定主体，但是根据《中华人民共和国村委会组织法》（以下简称《村委会组织法》）、《土地管理法》及《农村土地承包法》等相关法律规定，其承担一定的公共管理职能，主要集中在经济管理方面，如土地流转备案、土地经营权担保融资备案等事项，"管理的目的在于维护集体资产的价值及本集体组织的正当经济利益"①。村集体并不是土地流转法律关系主体，《农村土地经营权流转管理办法》规定其可以收取一定的"管理费用"的规定不但于法无据，而且还会侵蚀到土地流转准监管主体地位，影响到其相关公共管理职责的切实履行。

第四，赋予县级人民政府土地流转资格审查、项目审核和风险防范实施细则制定权不符合行政许可法律。土地流转资格审查、项目审核本质上是行政许可事项。我国行政许可法律规定，法规、规章对实施上位法设定的行政许可作出具体规定。规章包括部门规章和地方政府规章，其中地方政府规章的制定主体包括省级人民政府和市级

---

① 陈广华、毋彤彤：《乡村振兴视域下工商资本流转土地经营权的法律规制研究——兼评〈农村土地承包法〉第 45 条》，《中国土地科学》2019 年第 8 期。

（设区的市）人民政府。根据对《农村土地经营权流转管理办法》第三十二条关于土地流转资格审查、项目审核和风险防范实施细则制定主体的表述"县级以上地方人民政府"的文本分析，此处制定主体应该包括县级人民政府。此规定与我国行政许可法中关于行政许可实施规定制定主体范围相矛盾。

（二）监管部门之间职责边界不够清晰

在土地经营权流转领域，县级以上农业农村主管部门为流转主管行政机关，同时还涉及自然资源主管部门、市场监督主管部门及生态环境主管部门等相关部门，实行主管与分管相结合的监管体制。现行土地流转监管管理体制对我国土地流转的良性发展发挥了积极作用，但随着我国社会经济的快速发展及社会环境的巨大变化，土地流转监管体制的不足逐渐暴露出来，已难以满足新形势下土地流转监管的需要。总体而言，我国现行土地流转监管体制主要存在以下几方面不足。

第一，新组建的主管部门还处于监管职责整合期。为优化政府职能设置，深化政府职能转变，2018 年，国务院进行政府机构改革，将原有相关部委职责进行重组、整合，并以此为基础组建了新的部委，其中涉及农村土地流转的新组建部委主要有自然资源部门、农业农村部，同时还涉及生态环境部等部门。在此基础上，各地政府也积极推动地方政府机构改革。政府机构改革的过程性决定了从中央到地方各级政府组成部门的职责设置还处于调整、磨合期，新职能部门的职责边界还处于逐渐厘定的过程中。另外，在新修改的《土地管理法》中，土地管理活动中的监管主体也进行了调整：一方面，将部分监管职责主体由原来的"土地行政主管部门"调整为新组建的"农业农村主管部门"或"自然资源主管部门"，监管主体发生了转变；另一方面，将部分监管职责主体由原来的"土地行政主管部门"调整为新组建的"农业农村主管部门、自然资源主管部门等部门"，监管主体数量发生了变化。政府机构改革及法律修改带来的新变化，对土地流转监管主体的职责内容的厘清及行使都带来了新的挑战。

第二，监管主管部门职责分工有待进一步明确。虽然我国现行的主管与分管相结合的土地流转监管体制有利于不同管理部门之间监管工作的协调开展，但是也存在部门法律职责划分不够明确，职责交叉现象存在等问题。针对土地经营权流转，数个行政部门都拥有指导、监管的权利，容易出现不同监管部门之间相互"打架""扯皮"的现象，不仅消耗了有限的监管力量，还降低了监管效果、损害了公共利益。监管职责划分不清容易导致相关责任主体不明确，涉及权力时，监管部门之间争相行使；涉及义务时，各部门之间互相推脱。在监管出现问题时，责任的承担主体、职责承担的范围及种类并不明确，这容易导致监管责任无法被追究。土地流转中的农村土地开发利用是个过程性行为，涉及经营主体、土地利用方式、土地利用规模、土地利用影响等诸多环节，每一个环节都会涉及相关部门的监管。监管部门之间职责边界的不清晰，不仅容易导致监管部门之间的"冲突"，而且还难以形成监管合力，难以有效规范土地流转行为。实践中，土地流转违法行为被追究的不多，即便被追究，除了对部分违法行为者追责外，追究监管行政机关及其工作人员的法律责任的较少。土地流转是土地流转的过程，各个部门之间应该分工配合，共同进行过程性监管。

（三）地方上下级政府及部门监管职责划分不够明确

从法律规范角度分析，我国土地流转监管实行统一监管与分级、分部门监管相结合的体制。上文研究了监管体制中的"统一监管与分部门监管"存在的不足，接下分析监管体制中的"分级监管"。分级监管，即上下级政府及组成部门监管，不仅包括具体土地流转行为监管，还包括上级政府或其组成部门对下级政府及其组成部门具体土地流转监管行为的执法监督。上级政府及其组成部门对下级政府及其组成部门的行政执法监督，是我国监督行政的重要组成部分。如何划分上下级政府及部门监管职责对提高土地流转监管成效具有重要意义。

根据《宪法》及《地方各级人民代表大会和地方各级人民政府组织法》关于政府职权划分的法律规定，我国地方各级人民政府职权划分具有高度相似性，呈现"同质化"，"地方各级人民政府行使相同的权利"。[①] 为适应地方上下级人民政府职权行使的需要，地方各级人民政府组成部门设置"同构化"，上下级人民政府组成部门"上下对口，职责相同"。[②] 在土地经营权流转领域，县级以上地方各级人民政府农业农村主管部门及乡级政府的农村土地承包管理部门都承担对土地经营权流转进行指导和管理的职责，但是不同级别的地方人民政府及部门之间的土地经营权流转指导和管理职责的具体内容及范围是什么，法律并未明确规定。对于流转中破坏耕地的违法行为，县级以

[①] 徐继敏：《论省级政府配置地方行政权的权力》，《四川大学学报（哲学社会科学版）》2013年第4期。

[②] 刘方、黄卫挺：《当前政府事权划分存在的问题及对策》，《宏观经济管理》2014年第2期。

上人民政府自然资源主管部门、农业农村主管部门责令限期改正或治理，但是行政处罚权的具体行使单位应当或可以是哪一级自然资源主管部门、农业农村主管部门，法律也未明确规定，只进行概括性规定。土地流转中地方上下级政府及其组成部门之间监管职责划分不明确现象的存在，在实践中容易导致"权力上移、责任下移"，级别越高的政府及其组成部门权力越大，级别越低的政府及组成部门责任越大，造成不同级别政府及组成部门监管权责配置的失衡，基层政府及其组成部门承担过多且超出其能力之外的监管职责。科学、合理设置地方上下级政府及其组成部门之间的行政执法监督职责与土地流转具体监管职责，是完善我国土地流转监管体制的重要内容。

第五节　土地经营权流转准入与监管不完善引发的问题

转变传统发展方式，实现农业的规模化、现代化，单纯依靠农业及农村的自身力量是不够的，需要社会资金帮助。随着土地经营权流转的不断发展，流转市场逐步建立，流转受让人主体实现了多元化，不仅包括承包农户，还包括企业、农业合作社、个人等主体。各种市场主体的参与，一方面，它们向农业发展输入现代化生产要素、创新农业经营模式及增加农民收入；另一方面，由于土地经营权流转准入与监管制度的不完善，参与土地流转的各种经营主体在资信及经营能力方面良莠不齐，特别是各种工商企业，给农业的规模化经营良好发展带来许多问题，背离了国家推行土地经营权流转的目的和初衷。

一、降低国家宏观调控成效，影响惠农政策实施效果

推动土地经营权流转，实现农业的规模化经营是实现农业现代化的必由之路。近年来中央和地方各级政府积极出台相关政策及配套措施，鼓励土地经营权流转，推动农业规模经营。由于缺乏流转准入与监管制度，个别地方政府在土地流转实践中存在急功近利思想，缺乏科学、长远的农业发展规划，对各种经营主体不加限制、甄别，盲目招商引资，导致一部分工商企业以套取国家农业政策补贴为目的，获取国家补贴后就闲置或变相闲置耕地，导致耕地使用的浪费。部分经营主体倒买倒卖，囤地涨价，严重扰乱土地流转市场秩序。还有些企业通过投资农业取得土地，在获得扶持资金后，舍弃相对收益较低的纯农业项目，进而追逐利润高的非农业生产经营项目。[①] 这些行为背离了国家实行土地经营权流转的政策及法律初衷，严重影响国家宏观调控及惠农政策的实施效果。

二、影响农业产业安全，危及经济发展主导权

随着我国改革开放的深入，农业领域开放程度逐步提高，外商投资进入农业领域的步伐日益加快。由于我国土地流转领域准入与监管机制及农业外资监管机制不完善，外商依据其资本及技术等方面的优势，逐步形成整个产业链控制权，形成了从农产品原料生产到加工、销售的完整产业链，并且获得了较强的市场影响力及控制力，对国内

---

① 冯芝军、易松强、宋祥燕、赵斌：《用好工商资本投资农业这把"双刃剑"》，《江西农业》2014 年第 6 期。

农业经营主体形成打压态势，影响了我国政府在农业经济方面的宏观调控能力。"ABCD"四大粮商[1]占据全球农产品市场的70%份额，2000年以来对我国也进行了大量投资，甚至已经影响到部分粮油产品产业链安全。"四大粮商对中国农产品市场的影响并非仅停留在贸易层面，他们也在中国直接收购或建立工厂。"[2]《中国的粮食安全》白皮书数据显示，"涉粮外资企业加工转化粮食数量、产品销售收入不断增加，2018年分别占到全国的14.5%、17%"。外资进入我国农产品市场的广度和深度不断拓展。此外，外国投资者凭借其资金及技术优势，获得我国特有、珍贵的农业方面的生物资源，会导致生物资源外流，影响国家的农业生态安全和农业经济控制权。

三、挤占农民就业、发展空间，影响农村社会稳定

我国人多地少，大量农村劳动力还没有转移出去，土地的合理分配，在很大程度上事关社会公平，土地流转应兼顾效率和公平。[3]为扩大土地流转规模，吸引社会资本参与土地流转，各地政府纷纷制定相应的土地流转优惠政策，从诸多方面对工商企业参与土地流转提供优惠、便利条件，明显"偏心"企业。例如，2015年广州市增城区政府制定《增城区农村集体土地承包经营权流转补助奖励实施细则》，

---

[1]　"ABCD"四大粮商，是指掌握全球粮食运销的4家跨国公司：美国ADM（Archer Daniels Midland）、美国邦吉（Bunge）、美国嘉吉（Cargill）、法国路易达孚（Louis Dreyfus）。

[2]　联办财经研究院：《全球四大粮商在华影响有多大》，2021年2月4日，见 http://sri.org.cn/news.php?newsid=2882849。

[3]　顾仲阳：《陈锡文委员表示：土地流转应注意两大问题》，《人民日报》2013年3月5日。

积极推动土地向土地经营大户和农业龙头企业流转：对符合奖励条件与标准的土地流转受让方的经营主体大户（奖励条件与标准包括：流转周期达到 5 年以上、单个经营主体累计经营土地面积达到 300 亩及以上、通过农村集体资产交易管理平台进行土地流转），由区财政按照每亩 100 元的标准进行一次性奖励；对符合奖励条件与标准的土地流转受让方的农业龙头企业（奖励条件与标准包括：流转周期达到 5 年以上、经营土地面积达到 100 亩及以上、签订规范的土地流转合同），由区财政按照每亩 100 元的标准进行一次性奖励。[①]"有调查显示，工商企业直接经营农地，原承包农户的劳动力只有 20% 左右能进入企业工作。"现阶段，农业生产仍然为我国农村劳动力提供最主要的就业岗位，是他们重要的收入来源，不加限制地推动土地流转，不但不会促进农村及农业的发展，而且"工商资本极容易利用优势，向小农户转嫁风险、挤占农户的生存空间，导致农民面临破产的危险"[②]，这将给农村社会稳定带来极大的不利影响。

四、非粮非农化趋势明显，粮食安全面临新挑战

与其他行业比较，农业属于弱质产业，抗风险能力弱，投资回报率低。在农业与非农业收益存在巨大差距的情况下，社会资本的进入极易损害社会公共利益，危机农业发展。工商资本流转土地多从事花

---

① 《增城区农村集体土地承包经营权流转补助奖励实施细则》第六条："（三）流转经营主体大户（转入方）奖励条件及标准""（四）农业龙头企业（转入方）奖励条件及标准"。

② 石霞、芦千文：《工商资本下乡要扬长避短》，《农民日报》2013 年 7 月 13 日。

卉、药材、苗木、蔬菜等高附加值的经济作物种植，粮食种植面积下降，非粮化趋势明显。目前，尚无全国范围内土地流转非粮化方面的公开数据，但根据有限的统计数据显示，非粮非农化现状不容乐观。2014年山东省公布的农业数据显示，"土地流转'非粮化'现象比较普遍，土地流转前粮食的种植比例是70%以上，流转后下降到30%左右"①。2014年《河南省农村土地流转情况调查报告》数据显示，"一般农户流转土地的'非粮化'比例已经高达40%，而土地经营大户的'非粮化'比例从2010年的43.7%上升至目前的60%"②。2017年陕西省农业厅数据显示，"全省流转的1218万亩土地，用于粮食生产的仅372万亩，占流转面积30.5%"③。与此同时，部分地区土地流转的"非农化"趋势明显，违反法律规定擅自改变流转农村土地用途，变相从事土地开发，大搞休闲度假村和房地产开发等"非农"建设。这些进入土地流转领域的工商企业，为得到高额投资回报，对农村土地的违法及不合理的利用造成了农业生态环境的消耗和损害。土地流转中的非粮化、非农化趋势将严重影响我国粮食安全并且破坏农业生态环境。

---

① 赵洪杰、李檬：《流转的土地种粮难》，《大众日报》2014年8月16日。
② 李慧：《土地流转怎样"转"?》，《光明日报》2014年10月30日。
③ 吴军礼：《土地流转"非粮化"趋势渐显》，2017年4月18日，见 https://www.sohu.com/a/134650867_407736。

第五章　实行土地经营权流转准入
与监管制度的建议

在工业化及城市化进程中，日本和韩国根据农业发展不同阶段的具体情况，建立与之适应的农村土地流转准入与监管制度体系并及时进行调整，实现了农业由农民或农户经营的传统模式向农业规模化经营的现代化模式的顺利转变，很好地处理了土地流转过程中面临的农地的不合理及违法利用、擅自变更土地用途及农业结构调整等问题。我国《宪法》规定"国家保障自然资源的合理利用""一切使用土地的组织和个人必须合理地利用土地"。这既对我国提出了耕地利用保护与管制的要求，也为我国建立农村土地流转准入与监管法律制度提供了宪法依据。"国家不仅对自然资源享有所有权，还要制定各种政策和法律，保障自然资源的合理利用。"[①]针对我国土地流转准入与监管制度不完善并影响粮食安全及耕地保护现状与问题，我国应依据《宪法》，结合《行政许可法》《土地管理法》及《农村土地承包法》，建立健全我国的农村土地流转准入与监管法律制度。该制度应以规范农业经营能力为中心，满足不同主体准入要求，引导土地流转的健

---

① 　许安标、刘松山：《中华人民共和国宪法通释》，中国法制出版社 2003 年版，第 39 页。

康、有序发展，推动土地的规模化经营。

第一节　实行土地经营权流转准入与监管的指导原则

我国土地经营权流转准入与监管法律制度的建立应以耕地保护法律制度及土地经营法律制度为基础，以中共中央办公厅、国务院办公厅《关于引导农村土地经营权有序流转发展农业适度规模经营的意见》及农业部、中央农办、国土资源部及国家工商总局《关于加强对工商资本租赁农地监管和风险防范的意见》为指导，坚持以下几项原则。

一、坚持农地农用

"十分珍惜、合理利用土地和切实保护耕地是我国的基本国策。"为贯彻耕地保护基本国策，我国对土地实行用途管制，严格控制耕地转为其他用地，对耕地实施特殊的保护措施。农地只能用于农业用途，禁止占用耕地从事非农业建设，禁止对耕地实行掠夺性经营活动，禁止破坏农业综合生产能力和农业生态环境。我国《土地管理法》及相关法律法规建立了严格的耕地保护法律制度。《农村土地承包法》将"不得改变土地所有权和土地农业用途"列为土地承包经营权流转应坚持的5项原则之一。当前，我国农村土地耕种过程中存在两方面问题：一方面，由于农村劳动力减少及农业经营效益比较低，农村土地抛荒及擅自改变农地用途现象增加；另一方面，土地流转过程中，土地利用违背"农地农用"要求，"非粮非农化"现象明显。因此，坚持"农地农用"，不仅是土地保护的现实需要，也是土地流转必须坚持的基本原则。

二、尊重、保障农民主体地位

新中国成立后的相当长一段时间内，我国实行城乡二元治理模式，以行政力量人为地将农民划定为最主要的农业经营主体，并通过法律的方式得以确定。虽然近年来我国推行城乡统筹发展，但是这一现状并未得到根本改变。第七次全国人口普查数据显示，我国农村居民为 5.1 亿，占全国人口总数的 36.1%。在今后相当一段时期内，从事农业生产仍然是农村居民最主要的就业途径。在现阶段，工商资本大量进入土地流转领域，虽然其并未明显改变农民的农业经营主体地位及土地流转受让主体地位，但是却已挤占了农民的就业与发展空间。如果处理不好此问题，可能进而会影响农村社会稳定。同时，在农村社会保障制度还未健全的情况下，农业生产经营对农民具有一定的社会保障作用。《关于引导农村土地经营权有序流转发展农业适度规模经营的意见》提出，"重点培育以家庭成员为主要劳动力、以农业为主要收入来源，从事专业化、集约化农业生产的家庭农场，使之成为引领适度规模经营、发展现代农业的有生力量"。《关于加强对工商资本租赁农地监管和风险防范的意见》提出，土地流转应"尊重农民主体地位"。日本和韩国土地流转的经验也告诉我们，土地流转应坚持农民的主体地位。土地流转要兼顾效率与公平，其最大的公平就是保障农民权益，提高农民收入。

三、以规范工商企业流转土地行为为重点

当前土地流转中的突出问题是工商企业流转农地无序发展，引发离粮离农现象，违背国家推行农村土地流转政策初衷。"粮食主产区土地流转的现状及机制构建"课题组调查数据显示，土地流转"非粮化"比例居高不下，流转规模越大，"非粮化"倾向越凸显。工商企业流转土地从事非农业项目或非粮食生产项目，不但违反国家耕地保护制度，危及18亿亩耕地红线及影响国家粮食安全，而且也不利于农业的规模化经营及产业结构调整，阻碍农业现代化进程。土地流转规模越大，问题就会越突出。近年来，国家出台一系列政策文件提出，对工商企业流转农地严格准入门槛，抓紧制定完善准入和监管办法，严禁擅自改变农业用途。2015年，农业部、中央农办、国土资源部和国家工商总局联合发布《关于加强对工商资本租赁农地监管和风险防范的意见》，专门就加强对工商资本租赁农地监管和风险防范提出指导意见；2018年修改的《农村土地承包法》和2020年颁布的《农村土地经营权流转管理办法》，明确建立健全工商企业等社会资本流转土地经营权分级资格审查、项目审核制度和风险防范制度。在农业现代化过程中，农业的规模化经营是伴随着工商资本对农业领域的进入，规范土地流转必然意味着加强对工商资本租赁土地行为的管理。

四、推动土地适度规模经营

我国人多地少，在传统的农业生产模式下，户均耕地经营规模小，劳动生产效率低。随着工业化及城镇化进程的加快，农村劳动力数量

减少，农民非农收入不断提高，农民从事农业生产意愿降低，农业粗放式经营或土地抛荒等情况普遍。"根据第三次全国农业普查的数据计算，平均每个农业生产经营户只能经营 9.8 亩耕地，每个农业从业人员只能经营 6.4 亩耕地。"①扣除各种经营成本，一个农业从业人员一年的净收入还不如外出一个月的务工收入。传统的小农经营模式难以应对国际农产品竞争，农业实行规模经营是农业现代化的必然选择。但是，我们也应该清楚地认识到，我国人多地少，农业现代化不能脱离实际国情，片面追求经营规模，盲目崇拜国外大农场制。农村土地流转是一个过程，具有长期性和复杂性。我国应结合工业化和城镇化具体进程，循序渐进，推动土地适度规模经营。《关于引导农村土地经营权有序流转发展农业适度规模经营的意见》和《关于加强对工商资本租赁农地监管和风险防范的意见》提出，"坚持经营规模适度，既要注重提升土地经营规模，又要防止土地过度集中，兼顾效率与公平"，"防止脱离实际、违背农民意愿，片面追求超大规模经营的倾向"。

第二节　建立健全土地经营权流转准入法律制度

虽然 2018 年修改的《农村土地承包法》并未对我国当下土地经营权流转的主体范围进行限制，但是流转实践中，土地经营权流转准入主体主要集中在农户、组织和个人。我国建立健全土地经营权流转

---

① 国务院第三次全国农业普查领导小组办公室、国家统计局：《第三次全国农业普查主要数据公报（第一号）》，2017 年 12 月 14 日，见 http://www.stats.gov.cn/tjsj/tjgb/nypcgb/qgnypcgb/201712/t20171214_1562740.html。

准入制度，首先以法律形式将流转受让人主体主要范围明确界定为承包农户、农业生产企业、个人（主要指城市居民）、农村合作社、外国人（包括自然人和法人）；然后根据主体类型的不同，以农业经营能力制度化为核心，构建能够满足不同主体准入要求的土地流转准入标准及要求。该制度以保障农户的土地流转主体地位为中心，以规范工商企业流转土地行为为重点，对土地流转主体实行土地流转准入全方位覆盖。

一、承包农户准入标准及要求

农户是最主要、最基本的农业经营主体，也是法定当然土地流转准入主体。在我国，承包农户是由集体经济组织成员组成的以家庭为单位的农业生产经营单位，是法定的、最主要的农业经营主体。依据《土地承包法》，虽然承包农户所承包土地仅限于所在集体经济组织，但是其为法律所承认的农业经营能力并不具有地域性限制，承包农户既可以受让本集体经济组织成员的流转土地，也可以受让其他集体经济组织成员的流转土地。承包农户的"农业经营能力"为法律所认可，不存在限制。因此，我国应在法律层面明确承包农户的土地经营权流转受让主体地位，改变现阶段仅有部分地方性法规及政府规章规定"土地流转以承包农户为主"的立法现状，保障承包农户在土地流转中的合法权益，兼顾土地流转的效率与公平。《农村土地承包法》规定土地流转"在同等条件下，本集体经济组织成员享有优先权"原则，这不利于承包农户扩大土地经营规模，降低了承包农户作为土地流转受让主体的法律地位。因此，我国应扩大承包农户土地流转优先权适用范围，实行"在同等条件下，承包农户具有优先权"原则。法律对承包农户的经营主体地位的保护还体现在其受让土地面积不应受到限制，土地流转期限不超过剩余土地承包期限。

2019 年，我国农民工总数为 29077 万人，占农村居民总人数的 52.7%。由此可知，我国很大一部分农户基本上都是兼业经营，在一些地方农地抛荒现象也并不鲜见，土地利用效率低，农业生产还处于传统的分散化经营状态。因此，农户的土地承包经营权流转受让主体法律地位并不是绝对的、无条件的，对于部分并不完全具备农业经营能力或实际从事农业生产的农户，我国可以借鉴日本要求土地流转受让人及其家庭成员"经常性地从事必要的农业生产"的做法，制定土地流转激励法律机制，鼓励这部分承包农户流转其所承包土地。

二、农业生产企业准入标准及要求

鉴于工商企业进入土地流转所带来的负面影响，我国应建立健全相应的农业生产企业准入标准及要求，规范工商企业流转土地行为。

（一）建立农业生产企业制度

构建我国的农业生产企业制度至少从以下几方面对"农业经营能力"进行制度安排。第一，农业生产企业形态可以为有限责任公司或者股份有限公司。第二，农业生产企业的成立主体必须为农民或农业生产者组织，而非农业资本可以投资农业生产企业，但其投资额度及比例要受到一定限制。第三，农业生产企业经营范围应以农业生产经营为主，可以涉及关联产业，但要禁止非农化、非粮化现象。第四，农业生产企业的经营管理人员中，农民、具有一定农业从业经历的人员或农业生产者组织代表应占有一定的比例。第五，具有满足农业生产企业经营所需要的专业技术人员和相应比例的农民职员。第六，农业生产企业还须符合《公司法》及相关法律中关于成立公司法人的相应条件。从设立条件分析，农业生产企业的设立条件高于一般企业的设立条件。因此，当农业生产企业不具备成立要件时，并不意味着其丧失企业法人资格，但是这种情况下，农业生产法人即丧失租赁土地从事农业生产经营的权利。农业生产企业成立要件具有权利取得与权利存续双重属性。

（二）农业生产经营项目指导目录

非农资本（主要指工商资本）流转土地从事农业生产可以弥补传统农业发展中的资金、技术及管理等方面的不足，有利于农业产业结构的调整及升级，但是如不对其进行合理引导、规范，很容易产生当下我国工商资本进入土地流转领域中的诸多不利影响。因此，我国可以要求农业企业获取土地从事农业生产经营项目必须符合国家法律及政策规定，制定农业生产企业经营项目指导目录。农业生产经营项目指导目录可以界定工商资本农业投资合理边界，规范其经营行为，保障农民的经营主体地位，使工商资本的逐利性与农业生产的公益性相结合起来，鼓励和引导工商资本结合自身优势进入不适合农户经营的资金及技术密集型的农业生产领域，实现农业生产结构的调整及农户与农业生产企业之间的合理分工。农业生产经营项目指导目录制定要以国家的农业法规、政策及规划为导向，并结合不同地域资源禀赋的差异性、不同领域农业生产经营的风险收益率及农业生产企业的专业化水平等因素，科学、合理确定农业生产经营优先、限制及禁止领域。优先领域是指"技术和资金门槛较高，集约化、产业化、规模化程度较高，非一般农户和合作社能力所及"[1]的农业生产领域，主要包括良种种苗繁育、高标准设施农业、规模化养殖等适合企业化经营的现代种养业、农村"四荒"资源开发多种经营、土地整治和高标准农田建设及农业环境治理和生态修复等国家农业政策鼓励经营项目。禁止领域是指以圈地为主要目的、危及粮食安全和社会稳定的非农建设领域，包括房地产开发、旅游度假等改变农地农业用途的经营项目及违反《土地管理法》"禁止占用基本农田发展林果业和挖塘养鱼"规定的农业经营项目。在优先与禁止经营项目中还有一个中间地带，即限制经营领域。限制经营领域过度发展会影响到国家的粮食安全战略，因此，对其采取不鼓励并限制的态度，这个领域主要包括花卉种植、果树种植、旅游农业等非粮经营项目。

（三）租赁农地面积及期限要求

第一，设立企业租赁土地面积最高上限。我国应对企业长时间、大面积租赁农户承包地制定最高上限，贯彻"适度规模经营"原则，避免挤占农民就业及发展空间。我国应在综合考虑各地人均耕地状况、城镇化进程和农村劳动力转移规模、农业科技进步和生产手段改进程度、农业社会化服务水平等因素基础上，合理确定土地流转面积法定上限认定标准。各省（自治区、直辖市）地方性法规或政府规章依据本行政区域内的具体情况，具体确定本行政区域内的土

---

① 蒋永穆、张尊帅：《工商资本投资农业的指导目录生成及其实现研究》，《现代经济探讨》2014 年第 5 期。

地流转面积法定上限。《关于引导农村土地经营权有序流转发展农业适度规模经营的意见》指出，"现阶段，对土地经营规模相当于当地户均承包地面积 10 至 15 倍、务农收入相当于当地二三产业务工收入的，应当给予重点扶持"。为鼓励企业真正投资农业生产，对企业第一次租赁农地应设定一定的面积上限，确有良好经营业绩且未违反国家法律及政策的，经批准可以适当扩大土地租赁规模，但是不得突破本省（自治区、直辖市）土地流转面积法定上限。同时，实行企业租赁土地分级备案制度。按照企业租赁土地面积规模大小，建立省、市、县、乡镇四级企业租赁土地备案标准，以便掌握企业租地情况，更好地实施监督管理。在分级备案的基础上，对超过当地上限标准、涉及整村整组流转、大规模或超大规模的农地租赁情况实行重点备案。

第二，设立租赁土地最低期限。现阶段，我国法律对企业租赁土地并未设定最低期限，这容易导致部分企业掠夺性利用土地，破坏耕地的生产能力及生态功能。为引导企业长期、稳定投资于农业生产，避免企业投机土地，我国可以设立土地流转最低期限。同时，为避免农户担心无法收回土地承包经营权的后顾之忧，可以赋予农户一定的单方法定解除合同权利。企业租赁农地的最低期限及租赁合同期限不得违反《农村土地承包法》中"流转的期限不得超过承包期的剩余期限"的规定。

（四）附随法律义务

企业流转土地从事农业生产会对农业和农村造成两方面影响：一方面，影响当地农业发展规划和布局；另一方面，影响现有农村社会结构秩序。为促进农业发展、维护农民合法权益及维持农村社会稳定，我国应对租赁土地的企业设立一定的附随法律义务。第一，执行当地农业发展规划，合理调整产业结构。我国《农业法》规定："县级以上人民政府根据国民经济和社会发展的中长期规划、农业和农村经济发展的基本目标和农业资源区划，制定农业发展规划。省级以上人民政府农业行政主管部门根据农业发展规划，采取措施发挥区域优势，促进形成合理的农业生产区域布局，指导和协调农业和农村经济结构调整。"企业流转土地从事农业生产经营应该遵守《农业法》规定，根据当地农业发展规划，合理确定农业生产项目，以实现企业自身发展与当地农业发展的双赢。第二，维护农业生产基础设施。农业生产基础设施是服务于农业生产的公共产品，维护公共设施使其处于正常的使用状态是集体经济组织成员和农业生产者的责任。传统农业生产模式下，维护公共设施的责任主体是集体经济组织及其成员，随着土地经营权的流转开展，维护责任主体范围也应该随着变化，以适应农业发展的需要。农业生产企业有义务参加农田道路、农田水利等农业生产基础设施建设及维修活动。第三，遵守村规民约。村规民约是根据国家政策和法律而形成的村民自治规范，对农业居民的生产和生活发挥着重要的调整作用。农业生产企业在农村租赁土地从事生产同样要遵守村规民约，维护农村社会秩序的稳定。第四，保护农村及农业生态环境。近年来，我国农村及农业生态环境状况不容乐观，加强农村及农业生态环境治理已被纳入我国环境保护法律范围。农业企业从事农业生产过程中，一方面要防止、减少耕地、水和大气污染或破坏，发展生态农业，保护农业生态环境；另一方面也要与农村居民共同维护农村生活环境。总之，附随法律义务的设立要以维护农村社会稳定、合理分配农村公共设施使用权利与维护义务为出发点，将农业生产企业纳入农村建设范围内。

三、农业合作社准入标准及要求

在我国，农民专业合作社是由农产品生产经营者或农业生产经营服务提供者、利用者所组成的互助经济组织，农业专业合作社依据《中华人民共和国农民专业合作社法》（以下简称《农民专业合作社法》）登记，可以取得法人资格。农民专业合作主要业务是向其成员提供"农业生产资料的购买，农产品的销售、加工、运输、贮藏以及与农业生产经营有关的技术、信息等服务"[①]。由此可知，我国农民专业合作社并不具有流转土地从事农业生产经营的权利。但是在土地流转实践中，确实存在个别农民专业合作社流转土地从事农业生产经营的情况，针对这类问题，我们可以分类处理：如果农民专业合作社只是农户之间的农地耕作互助经营，并不存在以法人名义受让土地从事农业生产经营情况，其与承包农户的正常生产经营活动相比并未有质的变化，因此，对其土地流转可以参照农户准入标准及条件，法律并不应过多干预；对于农民专业合作社以法人名义受让土地从事农业生产经营的，其已与农户之间的简单协作经营有质的区别，更大程度上具有农业生产企业租赁土地从事农业生产经营的性质。因此，对于这类农民专业合作社的管理应依照农业生产企业的流转准入标准与条件，包括成立要件、经营项目指导目录、租赁农地面积、期限要求及

---

① 《农民专业合作社法》第三条。

附随法律义务。

四、城市居民准入标准及要求

我国实行的二元制户籍制度带来了城乡居民职业分工的不同，城市户籍自然人（以下简称"城市居民"）一般缺乏从事农业生产这种职业选择所需的经历和能力。日本和韩国从事农业生产更多是一种职业划分，为确保受让人（自然人）能够有效开展农业生产，相关法律对受让人设定了相应条件，以确保其具备相应的农业经营能力。2012年国务院《关于加快推进农业科技创新持续增强农产品供给保障能力的若干意见》及2014—2016年的中央一号文件均提出建立职业农民制度，特别是2016年的中央一号文件对职业农民制度构建进行了具体的阐述。因此，我们可以此为契机，借鉴日本和韩国的经验，建立我国的职业农民准入标准及要求，规范城市居民流转土地从事农业生产经营行为。城市居民流转土地从事农业生产经营至少要满足以下条件：第一，年满18周岁且具有完全的民事行为能力；第二，接受过农业生产技术教育、培训或具有一定的农业生产从业经历；第三，租赁农地面积上限应低于农业生产企业租赁土地面积上限；第四，必须经常性地从事必要的农业生产活动；第五，从事农业生产经营项目必须符合农业生产经营项目指导目录要求；第六，参照履行农业生产企业附随法律义务；第七，可以租赁土地从事农业生产的城市居民范围不得违反国家公务人员、法官及检察官等禁止从事或者参与营利性活动的法律规定。

第三节　健全土地经营权流转监管法律制度

行政许可制度具有过程性，其包含行政许可适用权和行政许可监督权两方面。在建立健全土地流转准入的过程中，应避免现行行政许可实践中"重许可，轻监管"问题，加强政府土地流转监管职责，以保障流转准入制度功能的正常发挥。可以借鉴日本和韩国土地流转监管制度建设经验，结合我国行政许可监管实际，我国应从以下几方面完善地方政府土地流转监管职责。

一、树立土地经营权流转准入与监管并重观念

在我国法治观念中，有"重实体，轻程序"的意识，容易导致程序性法律规范价值得不到应有重视。在行政许可领域中，还存在"重许可，轻监管""只许可，不监管"的现象，《行政许可法》中关于许可监管的法律规定简单、原则，有时得不到认真执行。因此，建立健全土地流转监管制度，首要任务是要转变观念，正确认识准入与监管的关系，进一步树立准入与监管并重观念。在土地流转制度建设中，要进一步建立健全流转监管法律制度，进一步明确相关行政机关土地流转监管职责，落实权责一致要求；把土地流转监管作为一项常态性工作，避免"走形式""运动战"的工作方式与作风，实行"事前预防，事中管理，事后处理"全过程管理模式，最大限度降低或避免土地流转非法行为给耕地保护和粮食安全带来的不利影响。

二、完善地方政府部门土地经营权流转监管职责

土地承包经营权流转准入监管对象主要包括准入主体及做出准入决定的行政机关。对准入主体的监管内容包括准入主体条件是否存续及土地使用是否符合准入要求等内容。对行政机关的监管内容包括做出准入决定的行为及在相应的土地流转监管过程中的行为是否符合法律规定。在厘清土地流转监管内容的基础上，我们应从以下三方面明确土地承包经营权流转监管职责。

第一，进一步厘清地方各级政府之间的监管职责。鉴于我国《土地管理法》及《农村土地承包法》中关于不同级别政府之间土地流转监管职责规定过于笼统，有必要进一步明确它们之间的职责分工，避免出现监管主体虚化，责任消解的问题。在我国行政机构体中，省级政府具有上承中央政府，下接市、县、乡级政府的特殊性，其行政职能多侧重宏观调控及本行政区域内重大事项的决策权。因此，在土地流转监管中，省级政府及其相关部门的职责应侧重宏观调控及对下级政府及其工作人员的督查、监督。县、乡政府处于土地流转第一线，其应承担更多的流转准入、土地利用监督等方面的微观领域管理事务，特别是乡级政府，应改变其职责主要集中于土地流转合同管理方面的现状，增加流转后农地利用监督方面的职责。

第二，进一步明晰不同政府部门之间的监管职责分工。现行土地流转监管体制中的土地流转主管部门（农业农村主管部门）与土地流转分管部门（自然资源、林业和草原、市场监督管理、生态环境等主管部门）之间的土地流转监督管理职责分工有待进一步明确，滞后于土地流转快速发展的需要。主管与分管部门职责划分应遵循以下要

求：首先，科学划分政府各部门土地流转监管职能，改"条块分割"为"协同执法"，实现土地流转监管"无缝对接"。其次，减少事前干预，加强事中、事后监督管理职能。再次，监管职能法治化，改变传统农业执法过程中过度依赖政策的现象。最后，坚持权责一致原则，避免出现行政许可中的"重许可，轻监管"的权责脱节现象。

第三，进一步推动社会公众监督。不同于其他领域的监督管理，土地流转涉及范围极大，传统的单纯依靠行政机关的监管机制难以满足土地流转的需要。土地流转中违法改变耕地用途现象的存在也说明了传统监管力量需进一步加强。在土地流转监管中，应从以下两方面完善社会公众监督机制：一是加强信息公开。耕地是重要的公共资源，耕地利用涉及公共利益。地方各级政府及相关部门应加强土地流转信息公开，并鼓励各种农业经营主体积极公开受让土地利用情况，保障公民知情权，加强社会监督。二是支持公众参与。鉴于集体经济组织及承包农户的特殊性，应重点加强其对土地流转的监督作用，完善公众参与的范围、内容、方式和程序，加强公众参与司法保障。此外，还应积极扶持社会公益组织，支持其参与土地流转监督。

三、改进土地经营权流转监管措施及手段

传统土地监管手段较依赖监管机关的工作人员且效率不够高，为适应土地流转的大规模推进，应从以下3个方面改进土地流转监管措施与手段，加强土地流转监管力量。第一，严格执法，提升执法效果。土地监管部门应改变传统的年度检查或突击检查，严格执法，加强土地监管的常态化执法；扭转执法过程中的以罚代查、以罚代管现

象，以管为主，促进监管目的实现。第二，积极采用新技术，加强监管力量。土地监管过程中应积极利用卫星监测、互联网监督等监管新措施，强化监管力量，提升监管效果，弥补传统监管措施的不足。第三，实行许可权与监管权相分离。"谁许可，谁监督"原则容易导致监管部门之间各自为政，分散执法力量，且易职责交叉。两权分离后，原来行政许可机关承担的许可后监督职责由统一的执法监管部门履行。两权分离可以使监管部门摆脱许可工作的束缚及部门利益的干预，有利于明晰部门监管职责。

四、完善土地用途管制制度

我国实行的土地用途管制制度，具体在土地经营权流转领域中就是指：严格限制农用地转为建设用地，控制建设用地总量，对耕地实行特殊保护；农用地是指直接用于农业生产的土地。在土地承包经营权流转领域中，土地用途管制的规定过于简单、原则，需要进一步完善以适应农业现代化及城镇化发展的需要。首先，根据农村土地自然条件、所处地理位置、水利条件及周边城市化状况等因素，将农村土地由高到低依次分类，实行农地生产经营条件的等级化。其次，改变传统的农村土地农业用途种类的单一化规定，将农业用途具体化为农业生产用途、依法休耕用途及农业设施用地等类别。农业现代化以规模经营为基础，实行农业生产经营的市场化、多元化，其对农地的利用与传统农业的粗放式生产的要求也是不同的。最后，在农村土地分级及农村土地用途分类的基础上，实现土地流转中的农地用途管制的分类化管理，实现农地生产经营条件等级与农地具体用途之间的合理搭配，优化组合，提高土地利用效率。其中，建设用地优先使用农业生产经营条件差的农地；生产经营条件好的农村土地严格用于农业生产用途，严禁从事与农业生产无关的建设活动且农业建设活动必须符合一定标准；依法休耕土地不得用于与休耕目的无关的农业生产及建设活动；符合法律规定的农业生产设施建设需要土地的，首先使用生产经营条件等级低的农村土地；周边城市化进程较快的区域内生产经营条件差的农村土地可以依法优先转为建设用地以满足城市化对建设用地的大量需求。完善土地用途管制制度的基本要求是提高土地利用效率和不得突破18亿亩耕地红线。

五、完善土地经营权流转监管法律责任

监管法律责任包括监管部门法律责任和被监管人法律责任，因此，应从以下两方面完善土地流转监管法律责任，增加土地流转违法成本。一方面，加强监管机构法律责任。进一步完善我国《土地管理法》及《农村土地承包法》中关于土地监管机关法律责任的规定，建立健全以土地流转及利用为重点的监管机制及法律责任体系，明确监管机构及相关工作人员的监管责任，规范行政机关监管职权行使。另一方面，加大对土地经营权流转准入主体违法行为处罚力度。

第一，土地流转准入主体行政法律责任实行双罚制。"双罚制实现了组织以集体身份来承担法律责任，违法行为个体以个体身份来独立承担责任的法律责任分配目标。"[1]行政法律责任的双罚制实现了违

---

[1] 徐晓明：《行政许可后续监管体系中双罚制引入问题研究》，《现代法学》2012年第3期。

法成本由低向高的转变，可以对土地流转中的违法行为起到遏制及预防作用。

第二，实行土地流转准入主体监管记录与准入期限延续挂钩。土地流转监管记录良好，不存在违法变更农地用途等破坏性利用土地行为且流转准入条件存续的，土地流转准入期限准予延续。

第三，建立健全土地经营权无偿收回制度。在 2018 年《农村土地承包法》修改时增加的承包方单方解除土地流转合同 4 种情形的基础上，增加"不再具备农业经营能力或资质"或"农业经营能力或资质发生重大变化并影响正常农业生产经营活动"两种情形。通过土地经营权无偿收回制度可以倒逼农业经营主体合法利用农地，履行流转准入后义务。

第四，适应土地流转准入主体多元化及保护耕地需要，严格非法占用农用地罪成立要件及量刑幅度。实行单位犯并对其实行双罚制，既要追究单位刑事责任，也要追究直接负责的主管人员和其他直接责任人员刑事责任，加大耕地刑法保护力度。

参考文献

一、政策及法律文件

1.《中华人民共和国宪法》

2.《中华人民共和国宪法修正案》（1988 年）

3.《中华人民共和国民法典》

4.《中华人民共和国物权法》

5.《中华人民共和国行政许可法》

6.《中国土地法大纲》

7.《中华人民共和国土地改革法》

8.《中华人民共和国农民专业合作社法》

9.《中华人民共和国农村土地承包法》

10.《中华人民共和国土地管理法》

11.《中华人民共和国环境保护法》

12.《中华人民共和国农业法》

13.《中华人民共和国外商投资法》

14.中央一号文件（1984—1986 年、2004—2021 年）

15.《当前农村经济政策的若干问题》

16.《国务院关于进一步深化粮食流通体制改革的决定》

17.《中共中央关于做好农户承包地使用权流转工作的通知》

18.《关于引导农村土地经营权有序流转发展农业适度规模经营的意见》

19.《关于加强对工商资本租赁农地监管和风险防范的意见》

20.《粮食流通管理条例》

21.《农村土地承包经营权流转管理办法》

22.《农村土地经营权流转管理办法》

23.《最高人民法院关于审理农村承包合同纠纷案件若干问题的意见》

24.《中国国土资源公报》（2001—2020年）

25.《外商投资产业指导目录》（2017年修订）

26.日本《农业用地法》

27.日本《农业合作社法》

28.韩国《农地法》

二、学术著作

1.蔡定剑：《宪法精解》，法律出版社2004年版。

2.陈广华：《土地承包经营权流转法律问题研究》，中国政法大学出版社2014年版。

3.陈华彬：《物权法》，法律出版社2004年版。

4.陈小君等：《农村土地问题立法研究》，经济科学出版社2012年版。

5. 陈小君等：《我国农村集体经济有效实现的法律制度研究》（壹、贰、叁卷），法律出版社 2016 年版。

6. 陈新民：《德国公法学基础理论》，山东人民出版社 2001 年版。

7. 崔文星：《债法专论》，法律出版社 2013 年版。

8. 丁关良：《土地承包经营权流转法律制度研究》，中国人民大学出版社 2011 年版。

9. 房绍坤：《物权法用益物权编》，中国人民大学出版社 2007 年版。

10. 桂宇石主编：《中国宪法经济制度》，武汉大学出版社 2005 年版。

11. 姜明安：《行政法》，北京大学出版社 2017 年版。

12. 焦洪昌主编：《宪法学(第五版)》，北京大学出版社 2013 年版。

13. 刘守英：《中国土地问题调查——土地权利的底层视角》，北京大学出版社 2017 年版。

14. 尚杰主编：《农业经济学》，科学出版社 2015 年版。

15. 沈开举主编：《中国土地制度改革研究》，法律出版社 2014 年版。

16. 王崇敏、李建华：《物权法立法专题研究》，法律出版社 2012 年版。

17. 王克稳：《经济行政法基本论》，北京大学出版社 2004 年版。

18. 许安标、刘松山：《中华人民共和国宪法通释》，中国法制出版社 2003 年版。

19. 杨临宏：《行政法原理与制度》，云南大学出版社 2010 年版。

20. 杨解君：《行政法学》，方正出版社 2002 年版。

21. 于华江主编:《农业法》,对外经济贸易大学出版社 2009 年版。

22. 张广兴:《债法总论》,法律出版社 1997 年版。

23. 周佑勇:《行政许可法理论与实践》,武汉大学出版社 2004 年版。

24.[英] 边沁:《道德与立法原理导论》,时殷弘译,商务印书馆 2000 年版。

25.[美] 丹尼尔·F. 史普博:《管制与市场》,余晖、何帆、钱家骏、周维富译,格致出版社、上海三联书店、上海人民出版社 1999 年版。

26.[美] E. 博登海默:《法律哲学与法律方法》,邓正来译,中国政法大学出版社 1998 年版。

27.[德] 汉斯·J. 沃尔夫、奥托·巴霍夫、罗尔夫·施托贝尔:《行政法》,高家伟译,商务印书馆 2002 年版。

28.[日] 关谷俊作:《日本的农地制度》,金洪云译,生活·读书·新知三联书店 2004 年版。

29.[韩] 韩国农村经济研究院:《韩国三农》,潘伟光、[韩] 郑靖吉译,中国农业出版社 2014 年版。

30.[美] 罗斯科·庞德:《通过法律的社会控制》,沈宗灵译,商务印书馆 2010 年版。

31.《马克思恩格斯选集》第 1 卷,人民出版社 1995 年版。

三、期刊文章

1. 车维汉:《日本农业经营中的法人化动向及启示》,《现代日本经济》2004 年第 1 期。

2. 陈丹、唐茂华：《中国农村土地制度变迁 60 年回眸与前瞻》，《城市》2009 年第 10 期。

3. 陈广华、毋彤彤：《乡村振兴视域下工商资本流转土地经营权的法律规制研究——兼评〈农村土地承包法〉第 45 条》，《中国土地科学》2019 年第 8 期。

4. 陈丽华：《农地承包经营权流转中的地方政府行为》，《中共中央党校学报》2010 年第 6 期。

5. 陈小君：《我国农村土地法律制度变革的思路与框架——十八届三中全会〈决定〉相关内容解读》，《法学研究》2014 年第 4 期。

6. 陈小君、肖楚钢：《农村土地经营权的法律性质及其客体之辨——兼评〈民法典〉物权编的土地经营权规则》，《中州学刊》2020 年第 12 期。

7. 陈其林：《公共产品、公共利益及其不确定性》，《中国经济问题》2007 年第 4 期。

8. 丁关良：《土地承包经营权流转方式之内涵界定》，《中州学刊》2008 年第 5 期。

9. 丁关良、阮韦波：《农村集体土地产权"三权分离"论驳析——以土地承包经营权流转中"保留（土地）承包权、转移土地经营权（土地使用权）"观点为例》，《山东农业大学学报（社会科学版）》2009 年第 4 期。

10. 董景山：《日本农地利用管制制度及其启示》，《国家行政学院学报》2014 年第 5 期。

11. 樊雅頔：《日本农事组合法人农业生产模式对我国农业一体化

发展的启示——以千叶县和乡园为例》，《新疆农垦经济》2013 年第
3 期。

12. 冯芝军、易松强、宋祥燕、赵斌：《用好工商资本投资农业这
把"双刃剑"》，《江西农业》2014 年第 6 期。

13. 高飞：《土地承包经营权流转的困境与对策探析》，《烟台大学
学报（哲学社会科学版）》2015 年第 4 期。

14. 高飞：《农村土地"三权分置"的法理阐释与制度意蕴》，《法
学研究》2016 年第 3 期。

15. 高海：《论农用地"三权分置"中经营权的法律性质》，《法学》
2016 年第 4 期。

16. 高强、孔祥智、邵峰：《工商企业租地经营风险及其防范制度
研究》，《中州学刊》2016 年第 1 期。

17. 高强、孔祥智：《日本农地制度改革背景、进程及手段的述
评》，《现代日本经济》2013 年第 2 期。

18. 高强、赵海：《日本农业经营体系构建及对我国的启示》，《现
代日本经济》2015 年第 3 期。

19. 高强、[日] 高桥五郎：《日本农地制度改革及对我国的启示》，
《调研世界》2012 年第 5 期。

20. 高圣平：《新兴农业经营体系下农地产权结构的法律逻辑》，
《法学研究》2014 年第 4 期。

21. 高圣平：《农村土地承包法修改后的承包地法权配置》，《法学
研究》2019 年第 5 期。

22. 高圣平：《承包地三权分置的法律表达》，《中国法学》2018 年
第 4 期。

23.高志宏：《公共利益认定标准研究》，《南京邮电大学学报（社会科学版)》2014年第4期。

24.龚向和：《民生保障的国家义务》，《法学论坛》2013年第5期。

25.郭栋、邸敏学：《农村基层政府在土地流转中的作用分析——基于益阳、杨凌、太谷土地流转模式》，《经济与管理研究》2017年第7期。

26.郭红东：《日本扩大农地经营规模政策的演变及对我国的启示》，《中国农村经济》2003年第8期。

27.郭明瑞：《也谈农村土地承包经营权的继承问题——兼与刘保玉教授商榷》，《北方法学》2014年第2期。

28.郭明瑞：《土地承包经营权流转的依据、障碍与对策》，《山东大学学报（哲学社会科学版)》2014年第7期。

29.韩大元：《宪法文本中"公共利益"的规范分析》，《法学论坛》2005年第1期。

30.韩松：《新农村建设中土地流转的现实问题及其对策》，《中国法学》2012年第1期。

31.胡靖：《中国粮食安全：公共品属性与长期调控重点》，《中国农村观察》2004年第4期。

32.黄河：《试论农地政策与农村土地承包经营权流转保障法律制度的构建》，《河北法学》2009年第9期。

33.蒋永穆、张尊帅：《工商资本投资农业的指导目录生成及其实现研究》，《现代经济探讨》2014年第5期。

34.蒋云贵、瞿艳平：《土地流转、工商资本与投资农业风险——来自湘鄂地区的实例验证》，《江汉论坛》2017年第12期。

35. 金元景、金琳、金红兰、金龙勋:《韩国〈协同组合基本法〉在农业农村的适用方案研究》,《农业经济与管理》2014年第3期。

36. 康建英:《城郊农村与非城郊农村土地流转方式的比较——基于河南省40个村庄的调研》,《经济纵横》2014年第11期。

37. 孔祥智、伍振军、张云华:《我国土地承包经营权流转的特征、模式及经验》,《江海学刊》2012年第2期。

38. 李国强:《论农地流转中"三权分置"的法律关系》,《法律科学(西北政法大学学报)》2015年第6期。

39. 李健成:《从公共管理看粮食安全的属性》,《中国粮食经济》2008年第9期。

40. 李坤、唐琳、王涛:《论农村土地流转过程中政府行政权力介入的限度》,《云南财经大学学报》2019年第12期。

41. 黎元生、胡熠:《论外资农业规模经营中土地流转机制的缺陷及其完善》,《福建师范大学学报(哲学社会科学版)》2005年第3期。

42. 凌斌:《土地流转的中国模式:组织基础与运行机制》,《法学研究》2014年第6期。

43. 刘长全:《以农地经营权配置与保护为重点的农地制度改革——法国经验与启示》,《中国农村经济》2020年第11期。

44. 刘方、黄卫挺:《当前政府事权划分存在的问题及对策》,《宏观经济管理》2014年第2期。

45. 刘刚:《搞活与稳定:加强土地承包经营权流转监管——以新土地承包法、土地管理法为背景》,《中国农业会计》2020年第2期。

46. 刘建:《土地流转的六种模式》,《西部大开发》2014年第5期。

47. 刘润秋、李鸿、张尊帅:《工商资本投资农业的土地退出机制研究》，《贵州财经大学学报》2018 年第 1 期。

48. 刘太刚：《公共利益的认定标准及立法思路——以公共利益的概念功能为视角》，《国家行政学院学报》2012 年第 1 期。

49. 伦海波：《日本农业生产法人制度研究》，《农业经济问题》2013 年第 3 期。

50. 罗文燕：《行政许可权之法律分析》，《山东社会科学》2003 年第 3 期。

51. 潘俊：《农村土地"三权分置"：权利内容与风险防范》，《中州学刊》2014 年第 11 期。

52. 潘明才：《人多地少怎么办——透视韩国农地保护制度》，《中国土地》2001 年第 11 期。

53. 潘伟光、徐晖、[韩] 郑靖吉：《韩国农业现代化进程中农业经营主体的发展及启示》，《世界农业》2013 年第 9 期。

54. 任晓娜、孟庆国：《工商资本进入农村土地市场的机制和问题研究——安徽省大岗村土地流转模式的调查》，《河南大学学报（社会科学版）》2015 年第 5 期。

55. 宋志红：《农村土地"三权分置"改革：风险防范与法治保障》，《经济参考研究》2015 年第 24 期。

56. 宋志红：《再论土地经营权的性质——基于对〈农村土地承包法〉的目的解释》，《东方法学》2020 年第 2 期。

57. 孙宪忠：《推进农地三权分置经营模式的立法研究》，《中国社会科学》2016 年第 7 期。

58. 汤鹏主：《土地承包经营权流转与政府角色界定》，《改革》2009 年第 11 期。

59. 涂圣伟：《工商资本进入农业领域的影响与挑战》，《黑龙江粮食》2013 年第 12 期。

60. 汪先平：《当代日本农村土地制度变迁及其启示》，《中国农村经济》2008 年第 10 期。

61. 王晓慧、李志君：《土地承包经营权的性质与制度选择》，《当代法学》2006 年第 4 期。

62. 王晓君、何亚萍、蒋和平：《"十四五"时期的我国粮食安全：形势、问题与对策》，《改革》2020 年第 9 期。

63. 王颜齐、郭翔宇：《土地承包经营权流转外部性问题探索——基于土地发展权的讨论》，《学术交流》2014 年第 7 期。

64. 温世扬、兰晓为：《土地承包经营权流转中的利益冲突与立法选择》，《法学评论》2010 年第 1 期。

65. 吴喜梅：《农村土地承包经营权流转市场法律保障机制研究》，《河南财经政法大学学报》2012 年第 5 期。

66. 熊豪：《流转农地用途监管中的县级政府职能分析——基于对河南新安县的调研》，《安徽农业大学学报（社会科学版）》2013 年第 1 期。

67. 徐继敏：《论省级政府配置地方行政权的权力》，《四川大学学报（哲学社会科学版）》2013 年第 4 期。

68. 徐其星：《关于建立行政许可与监管执法两权分离制度的设想》，《中国工商管理研究》2014 年第 3 期。

69. 徐晓明：《行政许可后续监管体系中双罚制引入问题研究》，《现代法学》2012 年第 3 期。

70. 颜运秋、石新中：《论法律中的公共利益》，《中国人民公安大学学报》2004年第4期。

71. 杨光：《我国农村土地承包经营权流转制度的缺陷与完善对策》，《当代经济研究》2011年第10期。

72. 叶剑平、蒋妍、丰雷：《中国农村土地流转市场的调查研究——基于2005年17省调查的分析和建议》，《中国农村观察》2006年第6期。

73. 袁立：《公民基本权利视野下的国家义务的边界》，《现代法学》2011年第1期。

74. 张红霄：《农村土地承包经营权及其流转性质的法律辨析》，《河北法学》2011年第6期。

75. 张明涛：《论中央与地方在粮食安全保障中的职责分工》，《西北农林科技大学学报（社会科学版）》2015年第4期。

76. 张明涛：《我国农村土地流转准入的法律制度构建》，《中州学刊》2016年第1期。

77. 张四梅：《农用地流转监管：依据、困境与建议》，《求索》2014年第8期。

78. 张燕、梁珊珊、熊玉双：《试论农地流转监管主体的法律规制》，《石河子大学学报（哲学社会科学版）》2010年第2期。

79. 张义博：《工商资本下乡的用地问题研究》，《宏观经济研究》2019年第4期。

80. 张云华：《日本工商企业进入农业的政策限制与启示》，《农村经营管理》2015年第6期。

81. 张忠根：《韩国农业政策的演变及其对我国的启示》，《农业经济》2002年第4期。

82.赵美玲、杨秀萍、王素斋:《农村土地承包经营权流转:现状、问题与对策》,《长白学刊》2010 年第 6 期。

83.赵建森:《农地流转中政府的行为现状考察及角色定位》,《农业经济》2015 年第 1 期。

84.朱广新:《土地承包权与经营权分离的政策意蕴与法制完善》,《法学》2015 年第 11 期。

四、报刊文章

1.高云才:《像保护大熊猫一样保护耕地》,《人民日报》2015 年 5 月 27 日。

2.顾仲阳:《陈锡文委员表示:土地流转应注意两大问题》,《人民日报》2013 年 3 月 5 日。

3.江宜航:《韩俊:推进新型城镇化莫忽视新农村建设》,《中国经济时报》2014 年 2 月 26 日。

4.刘维东:《土地流转的意义》,《学习时报》2013 年 9 月 16 日。

5.莫于川:《判断"公共利益"的六条标准》,《法制日报》2004 年 5 月 27 日。

6.石霞、芦千文:《工商资本下乡要扬长避短》,《农民日报》2013 年 7 月 13 日。

7.涂圣伟:《青涩之果:工商资本进入现代农业》,《上海证券报》2013 年 12 月 3 日。

8.王小霞:《农村土地制度改革探索调查（3）——温江篇》,《中国经济时报》2008 年 10 月 14 日。

9.于文静、王宇：《用五年时间完成确权颁证　培育新型农业经营主体》，《北京日报》2014年12月21日。

10.袁曙宏：《"公共利益"如何界定》，《人民日报》2004年8月11日。

11.张云华：《日本对工商企业进入农业的政策限制与启示》，《农民日报》2015年3月28日。

12.周怀龙：《如何走出土地流转"非粮化"困局》，《中国国土资源报》2014年6月30日。

13.《关于人民公社若干问题的决议》，《人民日报》1958年12月19日。

五、网络文献

1.孙晓明：《土地流转非农非粮化到了什么程度?》，2015年5月19日，见 http://www.qianzhan.com/analyst/detail/329/150519-e7dc29c5.html。

2.吴军礼：《土地流转"非粮化"趋势渐显》，2017年4月18日，见 https://www.sohu.com/a/134650867_40773610。

3.张福锁：《化肥减量增效助力农业绿色发展　我国农用化肥用量43年首次实现负增长》，2017年12月27日，见 http://www.moa.gov.cn/xw/zwdt/201712/t20171227_6131397.htm。

4.张晴丹：《中国农业展望报告（2020—2029）发布》，2020年4月20日，见 http://news.sciencenet.cn/htmlnews/2020/4/438637.shtm。

5.朱津津：《韩俊：粮食供求总量偏紧　结构性矛盾非常突出》，

2013 年 3 月 23 日，见 http://finance.people.com.cn/money/n/2013/0323/c218900-20891578.html。

6. 国家统计局湖南调查总队：《加快土地流转助推劳力转移和增加农民收入》，2015 年 7 月 17 日，见 http://www.hndc.gov.cn/hndc/fxyj/gdbg/201507/t20150717_80478.html。

7. 国家统计局农村司：《农村经济持续发展　乡村振兴迈出大步——新中国成立 70 周年经济社会发展成就系列报告之十三》，2019 年 8 月 7 日，见 http://www.stats.gov.cn/tjsj/zxfb/201908/t20190807_1689636.html。

8. 国务院第三次全国农业普查领导小组办公室、国家统计局：《第三次全国农业普查主要数据公报（第一号）》，2017 年 12 月 14 日，见 http://www.stats.gov.cn/tjsj/tjgb/nypcgb/qgnypcgb/201712/t20171214_1562740.html。

9. 环境保护部、国土资源部：《全国土壤污染状况调查公报》，2014 年 4 月 17 日，见 http://www.gov.cn/foot/2014-04/17/content_2661768.htm。

10. 联办财经研究院：《全球四大粮商在华影响有多大》，2021 年 2 月 4 日，见 http://sri.org.cn/news.php?newsid=2882849。

11. 联合国粮食及农业组织：《世界粮食首脑会议行动计划》，1996 年 11 月 13 日，见 http://www.fao.org/3/w3613c/w3613c00.htm。

12. 全国人民代表大会农业与农村委员会：《关于〈中华人民共和国农业法（修订草案）〉的说明》（2002 年），2002 年 6 月 24 日，见 http://www.npc.gov.cn/wxzl/gongbao/2002-12/30/content_5304812.htm。

13. 全国人民代表大会农业与农村委员会：《关于〈中华人民共和国农村土地承包法修正案（草案）〉的说明》，2018 年 12 月 29 日，见 http://www.npc.gov.cn/zgrdw/npc/xinwen/2018-12/29/content_2068326.htm。

14. Jeongbin Im，"Farmland Policies of Korea"，2013 年 8 月 6 日，见 https://ap.fftc.org.tw/article/511。

六、其他类型文献

1.窦希铭：《土地流转法律制度比较研究——以中国、美国和欧盟主要工业国的对比为视角》，博士学位论文，中国政法大学，2011 年。

2.齐锦辉：《日本农地流转法律规制及其启示——以许可制为中心》，载齐延平主编：《人权研究（第 13 卷）》，山东人民出版社 2014 年版。

3.《农村人民公社工作条例（修正草案）》，湖北省农业厅翻印，1961 年。

责任编辑：王彦波

封面设计：徐　晖

图书在版编目（CIP）数据

土地经营权流转准入与监管制度研究 / 张明涛　著 . — 北京：人民出版社，
2022.1

ISBN 978 - 7 - 01 - 024245 - 3

I.①土…　II.①张…　III.①农村 - 土地承包制 - 土地流转 - 研究 - 中国

IV.①F321.1

中国版本图书馆 CIP 数据核字（2022）第 021678 号

土地经营权流转准入与监管制度研究

TUDI JINGYINGQUAN LIUZHUAN ZHUNRU YU JIANGUAN ZHIDU YANJIU

张明涛　著

人 民 出 版 社 出版发行

（100706　北京市东城区隆福寺街 99 号）

北京九州迅驰传媒文化有限公司印刷　新华书店经销

2022 年 1 月第 1 版　2022 年 1 月北京第 1 次印刷

开本：710 毫米 ×1000 毫米 1/16　印张：11.5

字数：128 千字

ISBN 978 - 7 - 01 - 024245 - 3　定价：59.00 元

邮购地址 100706　北京市东城区隆福寺街 99 号

人民东方图书销售中心　电话（010）65250042　65289539